運は縁から生まれる

50歳からの縁を引き寄せる50の言葉

内田克幸 著

セルバ出版

はじめに

いつの時代も本が指針だった

50歳を過ぎて定年が具体的に見えてきたビジネスパーソンは、将来に向けてさまざまな迷いや葛藤を抱えているのではないでしょうか。本書はそんなビジネスパーソンに向けて、日々をどう生きたらいいのか、ヒントをまとめたものです。

私はこれまで、まったく違う業界の5社で会社勤めをまっとうしました。

●不動産ディベロッパーの西洋環境開発（新卒から38歳までの15年間）
●パソコン販売のソフマップ（38歳から50歳までの12年間）
●家電量販店のビックカメラ（50歳のほんの一時期）
●BS放送局のBS11（50歳から58歳までの8年間）
●出版社の理論社・国土社（58歳から65歳までの7年間）

その時々でご縁がある人との関係を大事にしたことで、積極的な転職活動をしたわけでもないのに新たな挑戦の機会を与えてもらい、最終的には役員や社長も経験できました。

業界・会社によって仕事をする上での常識も、利益を得るための仕組みも、文化も違います。私はその時々で思い悩み、葛藤し、失敗や挫折をしながらも、会社人生を乗り越えてきました。

そんなときに、私を励まし、奮い立たせ、正しい道へと導いてくれたものは本でした。これは65

年の人生を振り返っても、確信を持って言えます。読書はいつでも人生の指針となります。

本書では、私が感銘を受けた古今東西の名著にある言葉から、何を気づき、どのように実践につなげればいいのかを、私の実体験を交えながら解説しています。中には名著だけでなく、偉人が残した言葉、著名人がスピーチで語った言葉なども含まれています。

いずれにしても、さまざまな業界・企業を渡り歩いた私が選んだ、含蓄のある言葉ばかり。幅広い層のビジネスパーソンに当てはまる汎用的なヒントとなっているはずです。

50歳過ぎてからが「本当の人生」

私は運がよいほうだと思っています。しかし、運は私だけでなく誰にでももたらされます。ではどうしたら幸運を引き寄せられるのか？　それを本編で解説しています。

人生１００年時代、あなたは自分が１００歳まで生きるとして、将来に明るい展望がイメージできますか？　多くの人は老後資金の心配におびえたり、漠然とした空虚感に襲われたりと、将来の不安にかられているのではないでしょうか。

会社員は50代にもなれば、リストラ、賃金カット、役職定年といった不遇な目に遭うこともあります。さらに、社会が推進している定年後の雇用延長にしても、実際に雇用されてみたら賃金大幅減で、与えられる仕事はやりがいのない単純作業だけ……そんな実態もよく見聞きします。

そのようなつらい状況に立たされた時に、「嫌だな」「これからどうしようか……」と悩むばかりでは何も変わりません。物事を前向きに捉え、明るく楽しく生きれば、思いがけないタイミングで運がもたらされ、道が開かれます。あなたのつらい日々は決してムダにはならないのです。

私のここまでの人生をシンプルな言葉にすると「明るく楽しく生きる」です。ものの見方を変えると意外と違う姿が見えるなと感じた経験は枚挙にいとまがありません。その最大の助けとなるのが先人の言葉だと思い実践してきました。

言葉はあなたの心を本当に動かします。心が動けば毎日が変わります。毎日が少しずつでも変われば定年後を含めた将来も変わります。本書でご紹介している五木寛之氏の言葉でいえば、「50歳、60歳を過ぎてからが本当の人生」です。

本書は、あなたの今後の人生の一助となると魂を込めて書きました。最後までご覧いただけますと幸いです。

2023年10月

株式会社Uconfort　代表取締役

内田克幸

運は縁から生まれる　50歳からの縁を引き寄せる50の言葉　目次

第2章　運をつかめる人のちょっとした心がけとは

第3章　リスペクトの精神が毎日を好転させる

第4章　鈍感力の身に付け方

第5章　日々反省。でも後悔しない人生を選ぶには

第6章　定年後のあなたの羅針盤

第1章　50歳を過ぎたビジネスパーソンはどう生きたらいいか

1　50歳からを真の人生のクライマックスと考えたい

40代後半、取締役のストレスで心身不調に

40代後半といえば働き盛り。その一方で、仕事で責任を持つ立場となりストレスを感じる時期でもあります。私にとっても40代後半はまさにそんなタイミングで、今思い返しても「どん底」の時代でした。

２００５年当時、私が役員を務めていたパソコン専門店・ソフマップの株式を持っていたのは商社の丸紅でした。そして、丸紅は株式の一部を家電量販店大手のビックカメラへ譲渡することになりました。ソフマップは、シナジー効果の高いビックカメラと提携することで業績改善を図ったわけです。

この頃、ソフマップの業績は低迷していました。そのため、いろいろな銀行から業績回復のために家電量販店との資本業務提携の話が持ち込まれ、まさにハゲタカに襲われたような雰囲気が社内に蔓延していました。

社内の取締役会は何度議論しても結論が出せない状況で機能不全に陥っていました。取締役会では、出席取締役の意見が真っ二つに分かれ、前代未聞のギリギリの採決でビックカメラから支援を受けることを決定したのです。

この頃、取締役の間では多数派工作が行われ、お互いがお互いを疑心暗鬼の目で見るような日々が続き、毎日胃腸がキリキリと痛む日々でした。私は経営企画の責任者を退き、ソフマップのフランチャイズ事業の責任者に就任して、フランチャイズ展開を進めているところでした。

２００６年には、さらに一歩進んだビックカメラとの資本・業務提携が締結され、ソフマップは名実ともにビックカメラの傘下になりました。ビックカメラから４名が取締役に就任し、経営再建を推進しました。

ビックカメラから来た新しい社長が就任したタイミングで、私は経営企画と店舗開発の担当取締役に復帰しました。

新店舗の不調で責任を痛感する日々

当時、私の年齢は40代後半。取締役として積み重なった精神的なストレスで高血圧を患いました。さらに狭心症の疑いで、カテーテルの検査手術を受けました。サラリーマン社会で経営層になり、その地位を続けていくことは、想像以上に精神的に過酷なことだと、病院のベッドの上で痛感していました。

２００７年には、秋葉原地区で新築されたビルを賃貸し、ソフマップ秋葉原本店として再編するプロジェクトを進めていました。このソフマップ本店はビックカメラのノウハウを駆使し、白物家電を取り扱う店舗としました。秋葉原の中心の交差点に再生ソフマップの基幹店となる大型店が誕生したのです。
秋葉原本店の開店日は大型台風が到来し、電車も止まるほどの暴風雨の中でのオープンになってしまい、先行きの不安が押し寄せたのを覚えています。
2007年には常務取締役に昇格していたのですが、秋葉原本店の立ち上がりがなかなか厳しい状況だったことで、批判の矢面に立たされました。私は不振の責任を強く感じ、長時間働くことで問題を解決しようとしていました。毎日朝6時半に自宅を出て、深夜0時頃に帰宅する生活が続いていました。

50歳からは林住期。ワクワクする人生を生きる

精神的にも肉体的にも厳しかった40代後半のこの頃に出会ったのが、五木寛之氏の『林住期』でした。『林住期』の中で五木寛之氏は、このように書いています。

「五十歳をはっきりひとつの区切りとして受けとめる必要がある、と私は思う。そして、そこから始まる二十五年、すなわち『林住期』をこそ、真の人生のクライマックスと考えたいのだ」

『林住期』五木寛之著、幻冬舎

紀元前2世紀頃の古代インドでは、人生を4つの時期に区切って、それぞれの生き方を示唆する「四住期」という考え方が生まれ、人々の間に広まったとされています。その4つとは「学生期」「家住期」「林住期」「遊行期」です。

学生期（8歳頃から25歳頃）は師匠のもとで学ぶ青少年時代で、家住期（25歳頃から50歳頃）は社会人として家庭をもうけ、子をつくり、育てる時期。これらの2つが人生の前半です。

林住期は、50歳頃から75歳頃を指します。家族や社会のために身を粉にして働いた人も、林住期ではその役目を終え、新たなステージを迎えます。自分の内面と向き合い成熟を目指す段階と捉えられます。

そして人生のフィナーレである遊行期（75歳頃から１００歳頃）へと向かいます。まさに人生１００年時代を先んじた人生論といえます。

私はこの『林住期』を読んで、心をふさいでいた重いフタがはずれたように、息苦しい気持ちがなくなったことを覚えています。「そうか。50歳からは新たなステージへ移り、楽しんで仕事をしていいんだ」と納得し、転職を決意したのでした。

現在、50歳に差し掛かる前、あるいはすでに50代の林住期に入っている年齢の方は、ぜひ人生後半のスタートを『林住期』と考えてみましょう。人生の黄金期がこれから始まるのだと、ワクワクする思いがみなぎってくるはずです。

50代とは、1つの区切りだけでなく、新たな人生の章のスタートでもあります。これまでの経験や知識、それに伴う人脈は、これからの人生をより豊かにするための大きな資産です。あなたがこれまで積み上げてきたものを信じ、自分の内面と向きあって新しい挑戦や学びを追求してみてはいかがでしょうか。

2　50歳から大きくジャンプしてもいい

次のステージを目指し転職を決意

自分自身が50歳を翌年に向かえるタイミングで『林住期』を読んだことで、ソフマップでの役目を終える時期なんだと感じ、自分の内面と向き合い成熟を目指し新しいステージに進もうと前向きに考えました。

そして２００８年1月、取締役を辞任して新たなステージに進もうと、当時の社長に辞表を提出しました。

その後すぐに、親会社ビックカメラの常務と社長から連絡をもらいました。そしてお会いした際に、「ソフマップの取締役を退任した後はビックカメラに来てほしい」との熱心な依頼と説得を受けました。

私は返事を保留していたのですが、お2人からの強い要請を大変ありがたく感じて、熟慮の結果、ビックカメラにお世話になることを決断し、ソフマップの取締役を退任後ただちに改めて入社しました。

それが、前月5月21日に50歳になったばかりの２００８年6月1日のことでした。こうして私の林住期がスタートしたのです。

ジャンプするにふさわしい時期

50歳といえば、体力的に衰えが見え始め、身体のあちこちにトラブルが出やすくなる年頃です。また会社でも家庭でも、その立ち位置は難しい時期といえるでしょう。能力に関わらず、一定の年齢となったからといって自動的に役職から外される「役職定年」は、55歳に設定している会社が多いようです。

現時点で50歳であれば、すでに役職定年の準備期間がスタートしているといっても過言ではありません。

となると、「あと5年でこれ以上の出世は望めそうもない」と先が見えてしまい、暗澹《あんたん》とした気持ちになる人も多いのではないでしょうか。50歳からの林住期が難しい時期ということは疑いようがありません。

しかし、林住期はまたいろいろなことから自由になれる時期でもあります。出世競争からはずれることも、ある意味では自由の獲得といえるでしょう。家庭においても、子どもが自立し、子育て・教育費の負担から解放されるのもこの頃です。

つまり、仕事でも家庭でも一区切りが付く時期ということ。ではその後の人生は、責任も楽しみもないつまらないオマケの人生が待っているかというと、決してそんなことはありません。

むしろ、出世や家庭という重圧から解き放たれて、本当に好きなことだけをする楽しい人生を送れるはずです。

五木寛之氏も、「**林住期にはリセットでもリフォームではなく、ジャンプという言葉がふさわしい**」と書いています。50歳からの時期は人生の本当のスタートであり、満を持してジャンプする時です。

本当に大事にしたい人との縁、周囲へのリスペクトを欠かさなければ、誰しも林住期に人生のクライマックスが待っているはずです。

そのように前向きにとらえ、私は40代後半のつらい時期を乗り切り、50歳のスタートを迎えたのです。

3　心が変われば態度が変わる

バブルの熱気を肌で感じて

不動産ディベロッパーの西洋環境開発に在籍していた１９９２年頃、不動産バブルが弾けました。

私の仕事の中身や、仕事への気持ち・スタンスが大きく変わったのはバブル崩壊直後の１９９３年でした。

西洋環境開発は、バブルの申し子といわれたセゾングループの一員であり、そのなかでもワクワクするような大型の不動産開発プロジェクトを多数進めているディベロッパー会社でした。

入社5年目頃の若造だった私も、身の丈に合わないくらい魅力的な仕事にたくさん携わることができました。バブルのど真ん中で大型案件に参画できたことは、とても楽しく充実した日々でした。

しかし振り返ってみれば、自分本位、自分都合でただただ楽しんでいただけだったような気もします。莫大な予算を費やしたプロジェクトを推進して、猛烈に忙しく働いてはいるけれども、何も実務が身に付いていないような、地に足がついていないような、そんなフワフワしたバブルの熱気に包まれていました。

勉強になったのは、バブルよりもその後始末だった

バブル崩壊後の１９９３年にビル事業部に移動することになり、計画課の課長として部下を持ち、バブル期の後始末ともいえる仕事をすることになりました。仕事の中身が大きく変わり、まさに実務としてバブル後の本当に厳しい状況のビル賃貸事業に取り組むことになったのです。

管理職となり、仕事への気持ちや心持ちを変える必然性がありました。自分単独ではなく、チームワークや組織一体での業務推進が最も重要になりました。

地にしっかりと足をつけて、事業部としての目標設定と目標管理、そして改善成果の達成を意識するようになりました。また、部下の2名も含めて回りには年下が多く、年長者かつ管理職として、部下育成の責任を強く意識するようになりました。

そのような意識の変化は、彼らへの態度や接し方にも現れるようになっていきました。若い時のように「自分が自分が」と前面に出ていくのではなく、まずは部下や若手の意見や考えをよく聞き、積極的に任せるようになりました。

私にとってビル賃貸の実務は未経験の業務であり、部下の彼らの方が経験も知識も豊富です。厳しい局面を潜り抜けてきた実績もあります。そのような部下を仲間として信じ、任せることが、結局は業務全体を円滑に回していくことになると考えたのです。

振り返れば、ビル事業部に在籍していたこの3年間が、その後の仕事人生のいろいろな局面で役立つ実務経験を得る機会だったといえます。バブルの後始末というつらく厳しい仕事に取り組む日々ではありましたが、私の運命を変えることになった時期だったと感じています。

「心が変われば態度が変わる。態度が変われば行動が変わる。行動が変われば習慣が変わる。習慣が変われば人格が変わる。人格が変われば運命が変わる。運命が変われば人生が変わる」

『最強の組織をつくる　野村メソッド』野村克也著、彩図社

プロ野球で捕手や監督として活躍し、解説者としても人気を博した野村克也氏の本に記載されている言葉です。野村氏によればヒンズー教の教えとのことですが、出典は定かではありません。インターネットで検索すると、明治時代の教育者・蓮沼門三氏の言葉だとか、心理学者のウィリアム・ジェイムズの言葉を出典としているという説も見受けられます。

いずれにしても、運命を変えるまでの具体的なステップを示した名言であることは変わりないと思います。

運命を変えていこうと思ったら、まずは心を変える必要があるということです。心を変えていくことは、態度や習慣の変化につながります。それが結果として運命や人生を変えていくことにつながるというものです。

私は奇しくも、バブル崩壊とその後始末という実体験を持って、態度や習慣が変わることを味わいました。それが結果として、現在の運命につながっているのではと思います。

4　楽しむことに没頭すればつらさも忘れる

50代は悩み多き年代

50代に差し掛かると、心配事や悩み事が増えてきます。

会社内では管理職や責任あるポジションに就いていることが多く、仕事のプレッシャーやストレスを日々感じているのではないでしょうか。また新たなキャリアを模索して、退職や起業を考えたりすることもあるでしょう。

家庭では、子どもたちが大学に進学したり、独立したりすることで環境が変化し、うまく適応するのが難しいこともあります。親の高齢化に伴い、介護の必要性や負担が増えるといった悩みが出てくるのもこの頃です。

そして加齢に伴い、健康問題が増え、体力や体調管理に関する悩みが出てきます。

これらに関連して、経済的な面でも悩みが増えます。子どもの教育資金や家のローンが一段落したと思ったら、退職や年金の問題、将来の老後資金についての不安が頭をもたげます。

このようなさまざまな心配事を、一気に解消する方法はありません。結局は1つひとつ、現状を分析し、対策を立て、少しでもよい方向に向かうように行動していくしかありません。

楽しむことは働き方や生き方における理想

心配事や悩みに立ち向かうときに、思い出したい言葉があります。

「楽しみて以て憂いを忘る」

（『論語』より）

孔子が『論語』のなかで語った言葉です。日常生活において悩みや憂いに直面したときも、楽しいことや喜びを見つけ、それに集中することで、悩みや憂いを忘れ、心の平静や幸福を保つことができるという教訓です。

孔子は、人間関係や道徳についての教えを中心に思想を展開しました。人生においては倫理的な原則を守り、他人との調和を大切にするべきだと教えました。この言葉も、人々に対して悩みやストレスに立ち向かう方法を提案しています。

楽しい時間を増やしたからといって、悩みや不安の原因が解決されるわけではありませんが、悶々と気を揉むようなことは少なくなるはずです。

人は笑えば笑うほど元気になり、楽しめば楽しむほど幸せな気持ちになれると思っています。「笑い」が血液中のナチュラルキラー細胞を活性化し、免疫力が高まるという研究結果もあります。だから私はどのようなときも、よく笑い、楽しむことを心がけています。

イレブンの日のお祭り騒ぎ

私が３社目に勤めた会社は日本BS放送（略称：BS11）でした。BS11在籍中で記憶に残る番組やプロジェクトの１つに「イレブンの日」があります。２０１１年11月11日を「イレブンの日」と銘打って、夕方５時から夜11時までの６時間の生放送特別番組『文化の街の放送局』をテーマに放送したのです。

BS11の本社があるのは、東京都千代田区神田駿河台。さまざまな教育施設や楽器店・スポーツ店が集積し、古書店街が形成される御茶ノ水エリアや神保町エリアにも近い、まさに文化の街です。

BS11はその真ん中に位置し、与謝野晶子らによって創設された文化学院のレンガ造りの旧校舎をイメージした建物で、文化学院と共同保有するビルをオフィスとしていました。

またBS11は２０１１年１月11日に、歴史ある児童書出版社の理論社を傘下に収め、より文化の香りが漂う放送局へと成長していたのです。

そんなタイミングで、自社を象徴するかのような２０１１・11・11「イレブンの日」がやってくるのですから、思う存分、楽しまない手はありません。

当日は生島ヒロシさんをメインMCに、明治大学吹奏楽部のジャズ演奏でスタートして、スタジオでは、神保町の出版社や書店関係者らの集まりである「神保町を元気にする会」の皆さんによる座談会を開催。人気落語家の柳家喬太郎師匠のトークライブや落語もあり、盛り沢山の内容を６時間生放送で行いました。

業績が向上している中でのビッグイベントの実施は、文化祭のような盛り上がりを見せ、社員の一体感醸成につながりました。

「楽しみて以て憂いを忘る」という孔子の言葉は、私たちが日常の中で困難や挑戦に立ち向かう際の心の支えとなります。

孔子の教えが示すように、楽しい瞬間や喜びを見つけ、それを大切にすることで、私たちは悩みを和らげ、心の中に新たな希望を芽生えさせられるのです。私が体験した「イレブンの日」のような喜びに満ちた瞬間が、私たちの生活に多く存在することを願いつつ、楽しみを追求し、憂いを忘れて、明るい未来に向かって歩んでいきましょう。

5　自分のペースで楽しむ

大切にすべきは三宝

中国春秋時代における哲学者・老子は、中国三大宗教（儒教・仏教・道教）のうち道教の始祖とされます。老子は、大切にすべきものを「三宝」として示しています。

「われに三宝有り。持して之を保つ。一に曰く慈、二に曰く倹、三に曰くあえて天下の先とならず」

（**『老子』より**）

三宝のうち1つ目の「慈」とは「慈悲深い心」や「思いやり」を指します。他人を思いやり、助けることが人間の美徳であると老子は教えています。

2つ目の「倹」とは「倹約」や「節約」を指します。物質的な欲望を適度に抑え、贅沢せず、控えめで適度な生活を送ることが、心の平和と調和を保つことにつながります。

3つ目の「あえて天下の先とならず」。これは、他人と競争せず、自己主張を抑えるという意味です。自己主張や競争心が過度に強いと、社会の不和や争いの原因になります。自己中心的な欲望を抑え、他の人々と調和して生きることが大切ということでしょう。

天下を背負って立とう、会社を背負って立とうなどと、大きな夢や希望を持つことも大切です。しかし、誰もがそんな大きな夢を持つ必要はないと思います。他人を思いやる心を持ち、贅沢をせず、他人と競争するのではなく調和しながら生きる。そんなふうに自分のペースで地道な暮らしをしていれば、いつの間にか世の中の役に立っているものではないでしょうか。

私はこの言葉を「好きなことを楽しんでやるのが一番」と解釈しています。

ビジネスで失敗しても得るものは大きい

仕事を好きになるポイントは、それを「楽しむ能力」があるかどうかにかかっています。これまでの仕事人生のなかで、最高に楽しんで取り組めた仕事が2つあります。

1つはBS11に在籍していた時代、アニメ映画『グスコーブドリの伝記』にBS11と理論社で出資をして、手塚プロダクションを中心とする製作委員会に加わったことです。監督脚本・杉井ギサブローさん、キャラクター原案・ますむらひろしさんのタッグよる、宮澤賢治作品を原作としたアニメ映画の第二弾でした。

第一弾『銀河鉄道の夜』は今も多くの人々に語り継がれているレガシーアニメ映画のヒット作で、『グスコーブドリの伝記』はその第二弾です。主人公ブドリの声優は小栗旬さん。他にも忽那汐里さん、林隆三さん、草刈民代さん、佐々木蔵之介さん、林家正蔵さん、柄本明さんという錚々たる方々が声優を務めました。

２０１２年7月7日七夕の日に上映を開始しました。理論社からは、上映に合わせてアニメ映画を絵本にして販売しました。ＢＳ11ではメイキング映像の事前告知放送や、映画上映1年後のテレビ放送を実施しました。

販促などの面で映画を全面的にバックアップしましたが、残念ながら興行的には非常に厳しく、出資配当がまったく出ないという残念な結果となりました。多額の出資をしたにもかかわらず、収益が得られなかったことで、私は会社から責められました。

とはいえ、いま見ても本当に素晴らしいアニメ映画だと思いますし、エンディング曲で小田和正さんの『生まれ来る子どもたちのために』が流れると泣けてしまいます。そんな極上のアニメ映画に関われたことは記憶に残る思い出ですし、誇りでもあります。関わった社員たちにとっても、それぞれにとって貴重な経験を得られたはずです。

楽しんでできた仕事が大きな財産

もう1つの楽しんでできた仕事は、絵本の仕事です。理論社がBS11の傘下になった2011年後半から、理論社のロングセラーの『ぼくは王さま』シリーズと『あいうえおうさま』のアニメ化に取り組み、30分×13話でアニメ版『ぼくは王さま』としてBS11で放送しました。

こちらも利益には結びつかず、かかったコストを回収するまでには至りませんでした。

しかし、後悔はしていません。アニメ化の実現を、絵本版の絵を描いていた和歌山静子先生がとても喜んでくれましたし、今もキッズ配信などで人気コンテンツになっているからです。

絵本を題材にアニメ作品を制作したことは、当時の私たちにとって初めての試みで、そのプロセスを経験することを通して新たな学びが得られました。何よりも社員一丸となって楽しんでできたことは多くの財産になっています。

楽しんで仕事に取り組めば充実した時間を味わうことができます。それが自分の中で貴重な経験・ノウハウとして蓄積され、将来の仕事に役立つことにもつながるのです。

6　まず、自分を理解する

知ったかぶりをすることの愚かさ

部下や年下の人と話をしていて、知らない言葉が出てくると、つい見栄を張って知ったかぶりをしたくなることがあります。そんなとき、自分への戒めとして投げかけるのがこの言葉です。

「これを知るをこれを知ると為し、知らざるを知らざると為せ。是れ知るなり」（『論語』より）

これも『論語』にある一節です。孔子は、紀元前552年（諸説あり）に魯国（現在の山東省）に生まれた思想家・哲学者です。政治改革にも関わりましたが、成功せずに諸国遊説の旅に出ました。その後、魯に帰国し、弟子たちに教えを伝えました。孔子の言行録が弟子たちによって『論語』としてまとめられ、後世の儒学や中国文化に大きな影響を与えました。

その『論語』は20編から成り、多くの名言が含まれています。「これを知るを……」は第2編にある言葉で、孔子の倫理学と教育哲学の基本的な原則の1つを表しています。

意訳すれば、「自分が何を知っているか、何を知らないかを正確に認識し、それをもとに学び続けることが重要だ」といった内容でしょうか。自分を理解することの大切さや、知ったかぶりをしてしまうことの愚かさを示しているといえます。

未知の業界に飛び込んで教えを請う

私は、4つのまったく異なる業界（不動産、小売、放送、出版）で、5つの会社に籍を置きました。転職する都度、未知の業界に飛び込んでいったわけです。

転職にあたっては常に新参者として謙虚に勉強して、先輩社員や業界で長く働いている方々から教えを請うて、真摯に仕事に取り組んできたつもりです。

特に、放送業界（ＢＳ11）と出版業界（理論社、国土社）は、それまでとはまったく世界が異なる業界で、事業構造を理解するのに半年から1年はかかってしまいました。

それが正しいものとは思えないものも含めて、その業界特有の制度や商習慣があり、理解するのが大変でした。業界用語も含めて日々勉強し、知らないことを知ったかぶりせず、恥を忍んで素直に聞くことを心がけました。

例えば、「完パケ」という言葉があります。完全パッケージの略で、放送業界では「映像素材を収録した後、編集作業が完成し、すぐに放送できる状態になった最終成果物」を意味します。最近では日常会話でも耳にすることもある言葉ですが、私にとっては初めて聞く単語でした。

会議などで飛び交うこの言葉の意味がわからず、「完パケって何ですか？」と質問したら、「こいつは何も知らないんだな……」とあきれた顔をされたことを覚えています。

でも、そんなことでめげてはいられません。業界の新参者ですから、知らないことは知らないときちんと自覚して、素直に質問をすること。そうしないと、結局あとで恥を掻くことになります。

契約書なしの口約束で成り立つ世界に驚き

慣れない業界の慣習に冷や汗を掻かされたこともあります。

ある年の5月、浅草三社祭の17時間生放送を日本初の３Ｄ映像により実施することになりました。

企画・制作は、その前年に、アミューズミュージアムを浅草にオープンさせていた大手芸能プロダクションのアミューズです。

同社が浅草に来て、三社祭のスケールと熱気に驚き、「自分たちも何かしたい」と考えたことがこの企画の発端でした。私たちも最新の技術を使った3D生放送にノリノリになり、忙しいながらも楽しんで準備を進めていたのですが……途中で費用の面で揉める事態に。

私たちとしては、企画・制作を担当するアミューズが費用を出すか、あるいはスポンサーを見つけてくるという枠組みで話を進めていたつもりでしたが、どうやら先方は同じ認識を持っていなかったようです。

なぜそのような事態になったのかというと、きちんとした契約書を取り交わすことなく、口約束だけで話が進んでいたからです。これには肝を冷やされました。そのまま破談になれば放送できないか、放送したとしても制作費が出ずに赤字になってしまいます。

取締役だった私は社長と顧問弁護士とともに、何度も渋谷のアミューズ本社を訪問し、先方と話し合いを重ね、最後にはなんとか双方が納得するかたちに収めることができました。

契約書の重要性を痛感するとともに、業界の慣習だからといってそれに囚われることなく、おかしいことはおかしいと勇気を持って相手に伝えることの大切さを実感した出来事でした。

無知を謙虚に受け止める

その他にも、私の目に放送業界は摩訶不思議な業界に映りました。私が入社した2008年頃は、電通・博報堂・ＡＤＫを中心とした広告会社が業界を牛耳っていて、今よりも大きな影響力を持っていました。放送局と、広告会社、制作会社、芸能プロダクションとの関係も摩訶不思議でいびつなものに思えました。

近年は、東京オリンピックでの広告代理店の不祥事や、電通の過剰労働事件、ジャニーズ事務所問題など、業界内での問題が続けざまに起こり機能不全のような状態になっています。旧態依然とした業界慣習を改革せざるを得ない状態であることは間違いないでしょう。

業界全体が無知を謙虚に認めること、自分たちの業界をしっかり理解することから始めなくてはいけないと強く思います。

知っていることは知っている、知らないことは知らない。そうはっきりと理解し、無知を謙虚に認めることが、自分の成長につながります。

7　いつでも原点に立ち返る

絶頂から1年半での凋落

『論語』のなかからもう１つ、私の好きな言葉を紹介します。

「本立ちて道生ず」

（『論語』より）

「本（もと）」は論語のなかでたびたび出てくる言葉ですが、根本や基本、基礎といったことを意味しています。一方、「道」は、道あるいは方法のことを指します。何事も原点に立ち返ってみれば、自ずと道は開けてくる、と孔子は教えてくれます。私は、「原点」を「自分のなかにある信念」と読み替えて、この言葉を胸に止めています。自分のなかに確固たる信念があれば、道はやがて開かれる、と。

２０１４年、私が入社して6年目の時、ＢＳ11は東証二部上場を果たし、翌年の２０１５年には東証一部に最短で鞍替えをしました。しかしその年11月の株主総会で、当時の社長が取締役を退任して相談役になってしまったのです。これからＢＳ11の成長戦略を進めていく決意を持っていた時期での交代は、社長本人も、社長を支える取締役だった私も大きなショックでした。

翌年の２０１６年は私にとってさらに不幸な出来事が続きました。親しい方が次々とがんに冒されていたのです。特にその年の6月、ソフマップ時代に大変お世話になりリスペクトしていた、ソフマップの社長と会長を歴任された柿谷義郎さんがお亡くなりになった時には悲嘆に暮れました。

仕事においても困難な局面が訪れました。その年11月の株主総会で、私も取締役を退任することになったのです。元社長だった相談役も完全にＢＳ11を離れることになりました。取締役として会社を立て直し、黒字化を達成し、東証一部までに上場するという絶頂を迎えてから、わずか1年半での凋落です。

経営者は、自分の意思で後進に託すかたちで辞めることが、一番いい退任の仕方ではないかと思います。しかしサラリーマン経営者はオーナーでも大株主でもありませんから、業績悪化の責任を取って辞めることもあれば、株主の意思で辞めざるを得ないこともあります。

自分の意に反するかたちでの退任は、非常につらくショックな出来事でした。

退職までの準備期間を覚悟

この年、私は58歳になっていました。60歳をサラリーマン定年の年としたら、あと2年です。残り2年間をどうすればいいのかと考えました。

その時、BS11の親会社であるビックカメラのオーナーが保有している別グループの企業の傘下にあった、児童書出版社の理論社・国土社の2社で、顧問に就任してはどうかという話をいただきました。

取締役を退任し、顧問に就くということは、サラリーマン社会では決してポジティブなことではありません。数年後の退職に向けた準備期間という意味合いであり、有り体にいえば退職勧告です。もちろん給料は大幅に下がります。

悔しい思いはありましたが、サラリーマン人生の第一線を退く時期に来ていることも覚悟していました。数年間顧問を務めてからサラリーマン人生をフェードアウトして、本当の意味での林住期に入ってもいいのではとも考えていました。

どんな環境に置かれても、「楽しんで仕事をする」「相手に対するリスペクトを忘れない」「会社ではなく社員のために仕事をする」といった信念を失わなければ、充実した仕事人生が送れるものと考えていました。

そこで私は転職を決意しました。4回目の転職で、4つめの業界として出版業界で働くことになりました。

本書を読んでいる方の中にも、私と同じように、役職の解任、役職定年、リストラなどで、新たなステージへの移行を余儀なくされている人がいるのではないでしょうか。

そんな境遇に立たされているとき、大きな不安を感じるはずです。しかし、このような状況で大切なのは、前向きな姿勢を持ちながら、自分のなかにある根本的な信念、価値観を忘れないことです。そうすれば自ずと道は見え、次のステージへ向かうモチベーションが生まれてくるはずです。

50代からでも60代からでも成長できます。未知の道を切り拓く覚悟を持って、新しいステージでの充実した人生を築いていくことが大切です。

8　苦は楽の種、楽は苦の種

40代、病気になるほど苦労した日々

水戸黄門で知られる水戸藩第二代藩主・徳川光圀は、子孫のために『水戸黄門光圀公九ケ条禁書』という教訓を書き残したそうです。その教訓は後に、江戸城の大広間に掲げられていました。


「苦は楽の種、楽は苦の種と知るべし」

(『水戸黄門光圀公九ケ条禁書』より)

これはその九ケ条禁書の第一条の言葉です。水戸藩は徳川御三家の1つで、35万石の高い格式を持っていたものの、実際の石高はそう多くはなく、藩財政は常に苦しかったと伝えられています。「人生楽ありゃ……」というあの有名な主題歌の歌詞は、黄門様の心の内を表しているといえるのかもしれません。

黄門様ほどではありませんが、私も会社生活の中で苦労をしたことは数えきれません。思い出すのは私が30代と40代の頃にいたソフマップです。

ソフマップは2001年の上場をピークに、急激に業績が悪化していました。パソコン価格の下落、それによる中古パソコンの商品サイクル短縮による流通性や収益性の低下に、家庭用ゲームの販売不振などの要因が合わさり、売上の伸びが鈍化し、利益率が低下したことが原因でした。

2003年頃には、ソフマップでは総合大型店舗「ギガストア」の全国展開を中止し、一部地方店の閉店、退店が続いていました。この時期に私は、取締役経営企画部長として経営の舵取りを担う仕事をしていましたが、兼務していた店舗開発の仕事で、撤退作業を進める日々でもありました。出店より退店の方が労力も精神的負担も大変なものです。しかし、地方店の閉店の日に、退店を惜しむ多くのソフマップファンのお客様が来てくれたことに、感謝と感動でいっぱいになりました。

2005年から2006年にかけてはビックカメラとの資本・業務締結が進み、ソフマップは子会社となりました。毎日胃腸が痛み、ストレスが積み重なって高血圧を患ったのはこの頃です。

この提携を最後に、銀行出身の当時の社長は退任し、ソフマップ生え抜きの中古事業の責任者が社長に就任しました。私が入社してから9年で4人目の社長でしたから、社長という職責の大変さや激務を痛感しました。

苦しい時と楽しい時は交互に来る

2005年には私も経営企画部長を退いていました。そしてその頃スタートしていた、ソフマップのフランチャイズ事業であるU―FRONT（ユーフロント）事業部の責任者に就任して、フランチャイズ展開を進めていました。

ユーフロント店は中古パソコンや中古ソフトの買取・販売のフランチャイズ店で、当時はノジマ様やサンキュー様といった家電量販店がフランチャイジーとなって展開していただき、全国に店舗を広げていきました。

店舗開発のノウハウとパッケージとしての店づくりのノウハウを生かしたフランチャイズ事業の仕事には、経営企画の時代に比べて生き生きと楽しんで取り組むことができました。

取締役として重責を担い胃が痛む日々もあれば、経営の中枢からやや離れて楽しく仕事ができる日々もある。それもこれも、過去に自分が蒔いた種が実を結んでいることの証しといえます。

まさに「苦は楽の種、楽は苦の種と知るべし」なのだと思います。

人生には苦難や困難がつきものですが、それらは成長と学びの機会でもあります。苦しい経験は自分が強くなるきっかけとなります。苦労や困難を回避するのではなく、将来に向けた種まきの時期として、立ち向かう覚悟を持つことが大切です。

反対に、楽しく幸せな瞬間は、それを楽しみ苦難に立ち向かう力を蓄えながら、油断しないことが重要です。「楽ばかりしていると、いつか落とし穴にはまる」と一定の緊張感を持つ必要があるでしょう。

「禍福は糾える縄の如し」ということわざもあります。苦楽が交互に訪れ、それが一体となったものが人生であると考えてみてはどうでしょうか。そのことを受け入れることが、いつまでも成長し続け、豊かな毎日を送ることのコツだと思うのです。

9　自分は無能である、と自覚する

得意なことに集中しよう

上場企業で役員を務め、その後、歴史ある児童書出版社で社長を務めた私を「優秀なんですね」などと言ってくださる方もいますが、私自身は本当に平凡な人間だと思っています。いえ、実際のところはほとんど無能な人間だと自覚しています。

特に若い頃は本当に無能で、失敗ばかりしていました。

ただ、自分自身は無能だと自覚しつつも、自己卑下していたわけではありません。無能だからこそ、努力できるということもあるのです。

「無能を並みの水準にするには、一流を超一流にするよりも、はるかに多くのエネルギーと努力を必要とする」

『明日を支配するもの―21世紀のマネジメント革命』P・F・ドラッカー著、ダイヤモンド社

これは私がたびたび思い返し、自分に問いかけている言葉です。

「無能を並みの水準に引き上げるのがそんなに大変なら、たいした才能のない自分は一流どころか並みの人になるのも難しい」などと解釈する人もいるかもしれませんが、私は別の捉え方をします。「自分は無能な人間であり、人並みになることさえ難しい。だからこそ、数少ない自分の強みを見つめ、そこを徹底的に磨くことにフォーカスし、人一倍努力しよう」と。例えば私の強みは、後で説明しますが、「運」や「鈍感力」そして「根気」です。それから、現状を前向きに楽しむことです。これを発揮することに力を注いできました。

そして、無能な状態から一歩でも抜けだそうと努力したからこそ、才能のある人たちに囲まれながらも自分を卑下せずに、楽しい仕事人生を送ることができました。最後には社長になることができました。

あなたの強みは何でしょうか。不得意なことを得意になるまでには、時間と労力がかかります。すでに持っている自分の強みに集中すれば、それは個性となって大きな成果をもたらしてくれるはずです。私たちはしばしば、自分の弱みを直視することに多くの時間を費やしますが、本当に大切なのは自分の長所を認識し、それを生かすことなのです。

10　点と点をつなぐ

1つひとつの興味は将来につながっていく

誰しも若い頃には、忙しく夢中になって仕事をした経験があるのではないでしょうか。若い頃に限らずとも、今まさに仕事に追われる充実した毎日を送っている人もいるかもしれません。

ところが、何かのタイミングでふと、将来を思って不安になることがありますよね。「今のままでいいのだろうか。この仕事は果たして、未来につながっているのだろうか」と。そのようなときは、次の言葉を思い出してみてください。

「興味を持った一つ一つのことに熱中していけば、そのときは散らばっている点のような別々の存在が、将来にはつながり合ってすばらしい一つの大きなものとなる」

『スティーブ・ジョブズ「神の交渉力」』竹内一正著、経済界

これはアップル創業者のスティーブ・ジョブズが若き学生たちに対して送ったアドバイスです。スティーブ・ジョブズは名門リード大学に入学後、半年で中退しています。大学では人生の目標を見出せなかったことがその理由です。

大学在学期中には授業に熱中できなかったジョブズですが、退学した後、1年半にわたり大学に居座り続けました。退学したことで興味のない授業を受ける必要がなくなったため、興味がある授業にだけ潜り込んだのです。

その1つがカリグラフィー（装飾文字）でした。当時、キャンパス内のポスターや棚のラベルなどが手書きのカリグラフィーで彩られていたことで興味を持ったということです。当時のジョブズは、それが将来何かの役に立つなどとは考えていませんでした。

ところが10年後、マッキントッシュの設計をしていた時に、カリグラフィーの知識が蘇ってきて役に立ったと語っています。

マッキントッシュなどのアップル製品は、フォントの美しさをデザイナーなどから高く評価されています。その世界観の根底には、若き日のジョブズが受けたカリグラフィーの授業の影響がありました。純粋な興味だった1つひとつの点が、後に素晴らしい成果を生んだのです。

点を積み重ねた日々

私もいろいろなことに興味を持ち、その点が将来に結びついたと感じた経験があります。

１９８０年代後半、私は西洋環境開発という不動産ディベロッパーに在籍し、多数のプロジェクトに関わっていました。

六甲ＡＯＩＡプロジェクト（兵庫県六甲エリアのアミューズメント施設）やＢＡＹはこだてプロジェクト（北海道函館市の倉庫とキャナルを利用した飲食・物販施設）、福岡姪浜プロジェクト（福岡県姪浜地区のマリーナ施設）、シーボニアマリーナホテルプロジェクト（神奈川県三浦市のシーボニアマリーナでのホテル施設計画）などのグループ内の商業施設だけでなく、アミューズメント施設や、マリーナ施設、飲食施設、ホテル施設などの多様なプロジェクトを経験しました。

まさにバブル絶頂期でしたから、今なら計画もされないようなプロジェクトが目白押しでした。いずれも私にとっては魅力的でワクワクするプロジェクトばかりでした。そしてその1つひとつに興味を持ち、熱中して取り組みました。

初めての海外出張も経験しました。アメリカへの20日間の出張です。

商業施設やマリーナ施設、リゾート、ゴルフ場施設の視察出張で、ニューヨークからスタートして、ボストン、ボルチモア、マイアミ、サンディエゴ、カーメル、モントレー、ロスアンゼルス、サンフランシスコと多くの都市を回りました。アメリカ大陸のスケールの大きさにびっくりしましたし、視察したどの施設にも圧倒されました。

１９９０年には、シーボニアマリーナにホテルを計画するための視察出張で、南フランスやスペイン南部のコスタ・デル・ソルにも行きました。このプロジェクトには、当時の新進気鋭の建築家・竹山聖さん（設計組織アモルフ、京都大学名誉教授）が設計者として参加していました。

私は竹山さんとホテルの相部屋になり6日間を一緒に過ごしました。竹山さんがどこに行ってもスケッチやメモをしている様子を見て、日々の積み重ねが素晴らしい作品づくりにつながるのだなと感動したのを覚えています。

結局このマリーナホテル計画はバブル崩壊とともに消えてしまい、日の目を見ることはありませんでした。

点がつながってさまざまなものに

当時、興味を持ち、懸命に取り組んでいた仕事の1つひとつは、まだバラバラな存在だったかもしれません。仕事で出会った人たちとのつながりも、それぞれ別の点のようなものでした。

しかし、それらが後に、経験や知識、スキル、人脈となって40代・50代・60代でつながり、仕事のなかで役立つことになりました。

例えば、ソフマップ時代の店舗開発の仕事においては、西洋環境開発時代に身に付けた商業施設開発の知識や人脈が大いに役立ちました。その後、放送局や出版社に転職した際も、やはりかつて身に付けた知識やスキルが生かされました。

そして現在、サラリーマン人生を終え、独立起業して次のステップへと歩みを進めました。設立した会社のサービス内容は不動産コンサルティングや建設コンサルティング、経営コンサルティングなど。いずれもこれまでの経験を生かした事業ばかりです。

今もまた、やがて未来へとつながると考え、いろいろなことに興味を持ち、1つひとつを積み重ねています。

未来への不安を抱えて立ち止まることもありますが、その一歩一歩が、かけがえのない「線」へと変わっていくと信じています。

第2章　運をつかめる人のちょっとした心がけとは

1 「幸運」1人占めしようとする人に幸運は訪れない

惜福、分福、植福

私は自分のことを、とても運がよいと自覚しています。西洋環境開発でのバブル期の5年間、ソフマップ入社からの5年間、そしてBS11に入社し黒字化して東証一部に上場するまでの5年間、そして理論社で社長に就任してからの5年間。いずれも5年間なのはたまたまですが、自分にも会社にも「幸運」を呼び込んで楽しい時期を過ごしました。

謙そんするわけではなく、本当に運がよかったからこそ、サラリーマン人生の最後に社長を務められたのだと思っています。

「運」に関しては古今東西のいろいろな著名人が名言を残していますが、その1つがこちらです。

「有福、惜福、分福、これらいずれの福もすべてよいことだ。しかし、これらの福のどれにもまさって卓越しているのは『植福』である。

植福とは、自分の力や感情、知恵などを使って、世の中に幸福をもたらす物や情趣、あるいは知識で貢献するということである」

『幸福のための努力論 エッセンシャル版』幸田露伴 著、ディスカヴァー・トゥエンティワン

日本の近代文学を代表する作家の1人、幸田露伴が『努力論』のなかで示した言葉です。

「有福」というのは、先祖からもらった大きな福、つまり財産のこと。それ自体は何ら尊敬に値するものではありません。「惜福」は、幸福を使い尽くしてしまわないこと。「分福」は幸福を他人におすそ分けすることを指します。

そして「植福」は、次世代の人のために幸福も種まきをすることをいいます。

幸田露伴は、本当に幸福（幸運）な人とは、この「惜福、分福、植福」の三福を心得た人だと言っています。

「自分に運が向いているな」と感じる時期は誰にもあると思います。その運をムダに使うのではなく、できるだけ有効に使うこと。自分だけに運を使おうとするのではなく、他人におすそ分けすること。

それが次の幸運の種となり、自分にいっそう運が回ってくるし、次世代にも還元されるということなのでしょう。

私も「惜福」「分福」「植福」を心がけながら日々を過ごしてきたおかげで、サラリーマン人生の半分の時期で幸運を引き寄せられたのだと思います。

不運な時期から少しでも早く立ち直るために

一方で、幸運の時期と同じだけ、不運な厳しい時期も経験しています。42年の会社人生を振り返ると、好循環と悪循環は交互に襲ってくるものなのだと改めて感じられます。

ただし、この好悪循環のサイクルは皆に同じように起こるものではありません。幸運が長く不運が短い人もいれば、不運ばかりが繰り返されて幸運な時期がまれにしか訪れない人もいるはずです。

その差を分けるものは何かといえば、幸田露伴の言う三福の工夫なのでしょう。幸運な時期の行動や気持ちの持ちようで、幸運をできるだけ持続させたり、不運な時期から早く立ち直って「運」を戻したりできるのだと思います。

やはり「幸運」を1人占めしようとする心がけではダメで、次世代のためにしっかり種まきをしていかないとダメだと思います。

2　不運は幸運の入り口

突如の取締役退任という不運に見舞われる

四字熟語に「禍福倚伏《かふくいふく》」があります。これは、「禍は福の倚る所、福は禍の伏す所」という老子の名言を語源としています。意味は、禍と幸いは交互にやって来るということです。私もこれまで何度もそのような体験をしてきました。

2016年11月16日開催のBS11株主総会で取締役を退任し、翌日づけで児童書出版社の理論社と国土社の2社に顧問として入社しました。

60歳を2年後にしたこの時期、何の落ち度もないのに取締役を退任させられ、その当時は子会社でもなかった（後に子会社になりました）会社で顧問に就任することになりました。

この出来事を私は「不運」「不幸」と捉えて落ち込みました。「とりあえず顧問でもやっておけ」と突き放されるようなかたちでの就任でしたから。

しかし一方で、60歳からの人生を考える貴重な機会を与えてくれた「幸運」だったような気もします。

理論社は、２０１１年１月11日にＢＳ11の傘下になった出版社でしたが、２０１２年７月に別のグループ会社に事業譲渡されていました。国土社もそのグループが譲り受けたため、同じグループ内に児童書出版社の兄弟会社がいるようなかたちでした。

私が入社した年の翌２０１７年、理論社は70周年、国土社は80周年の節目を迎えることになる歴史のある老舗の出版社でした。

入社後、当時の理論社社長へ顧問就任の挨拶に伺う日のことでした。お目に掛かる前に社長が突然辞任し、会社に来なくなるという事態が起こりました。まさに青天の霹靂です。突然の辞任で社内は混乱しました。

苦楽を共にした社員から次期社長に推挙

しかし、それが幸運の入り口だったのかもしれません。私が次の社長に急遽就任することになるのです。

「次の社長を誰が務めよう」と親会社も含めて議論が交わされるなか、理論社の社員の皆さんが私を推挙してくれたのです。

BS11にいた時代、私は理論社の事業譲渡に関わりました。そして新生理論社をスムーズに立ち上げるため、1年半にわたり、社員の皆さんと苦楽をともにしていました。そのことで理論社社員からの信頼を得られ、「新社長には内田さんしかいない！」と推薦してもらえたのです。

予期せぬかたちで「縁」がつながり「運」を運んで、私をサラリーマン社長に就任させてくれました。社員の皆さんに乞われた以上は、最後のご奉公として緊張感を持って、サラリーマン社長をまっとうしようと覚悟を決めて2016年12月1日に理論社社長に就任しました。

初めての社長就任は、やはり嬉しかったです。サラリーマンとして一度は社長を務めたいと思っていましたから。亡き父が私の社長就任を喜んでくれたことが、晩年の父への最高の親孝行になったと思いました。

とはいえ、不安もありました。突然辞めた前社長が、経営リスクにつながるような置き土産を残している可能性もあったからです。また、理論社は業績的には決して好調ではありません。これからやるべきことは山積みです。社員や関わりあるすべての関係者に対する「覚悟と緊張感」を持ったうえでの社長就任でした。

不運や不幸な出来事は、人生において周期的に起こるものですし、年齢を重ねるほどその周期の幅は縮まり、奥行きの幅は高まるもののような気がしています。60歳という節目となる年を前にして、大きな不運が起きたことはまさに幸運への入り口だったと思えます。その幸運を引き寄せたのが「良縁」でした。

また「前向きな覚悟」を持って取り組んだことが幸運を引き寄せることにつながったのだと思います。

つらい時、不運に見舞われた時には、落ち込んでしまうのではなく、「禍と福は代わる代わるやってくる」とポジティブにとらえ、平常心を持って耐えることが大切です。

そして自分にやるべきことをやる。そうすればやがては幸運の時期が訪れるはずです。

3　サラリーマン人生の7割は運

努力で決まるのは3割だけ

世の中には並外れた実力を持った名経営者がたくさんいます。彼らは生まれ持った頭の回転の速さや血のにじむような努力で成果を出してきたと思われがちです。もちろんそのとおりではあるのですが、本人は意外と「運がよかったから」と考えていたりします。

実際に「運」の大切さを強調しているのがニデック（旧社名：日本電産）創業者の永守重信氏です。28歳で日本電産を創業し、世界ナンバーワンのモーターメーカーに育て上げた希代の経営者です。その永守氏が著書のなかでこんなことを言っています。

「私は常々、人生は『運が7割、実力が3割』と考えている。精一杯努力をしても、最後に結果を決めるのは『運』である」

『運をつかむ』永守重信 著、幻冬舎

他を圧倒する実力で道を切り開いてきた永守氏のような経営者が、「人生の7割は運」と言い切ってしまうところに、重みと説得力がありますね。

永守氏は、運に恵まれていたおかげで、売上高2兆円を超える会社をつくれたと書いています。決して謙そんなどではなく、本当に、自分の努力や才能だけでは獲得できない何かを、運によってつかみ取ったということなのでしょう。

永守氏はまた、「努力に努力を積み重ね、もうこれ以上できることがないといった果てに、初めて運がやってくる」とも言っています。運に近づくためには、徹底した努力が欠かせないということです。

私は永守氏ほどのすごい実績を残した経営者ではありませんが、この考え方には大いに賛同します。私の場合は「サラリーマン人生3割バッター理論」と名づけ、日々の努力によって7割の運を呼び込めば、自然と成果は付いてくるものだと考えています。

運を引き寄せ、赤字からの業績回復を遂げた

児童書出版社の理論社で社長に就任した後、私はまず経営状況の徹底的な把握に努めました。そ

の一方で、著者の皆さんや業界関係者、取引先へ挨拶回りを行いました。

なかでも最大に時間を割いたのは、社員との対話でした。社員全員との個別面談や、幹部社員との密なコミュニケーションを、1か月間かけて徹底的に行いました。

理論社は7月決算なので、私が入社して2か月後の1月末日に、その年度の上半期が終了します。就任最初に迎えた上半期決算は、大きな赤字を計上する厳しい経営状況でした。そんな状況のなかで社員と対話してわかったことは、処遇面や評価面などへの不満からモチベーションが著しく低くなっていることでした。

業績をどう改善すればいいのか。社員のモチベーションを上げるにはどうしたらいいのか。毎日胃が痛くなるほど思い悩み、考えられる手をあれこれと試す日々が続きました。

こんな状況を完全に打破する出来事が翌年の2月に起こります。理論社で前年に出版した本が、10年ぶりに全国読書感想文コンクール小学校中学年の部の課題図書に選ばれたのです。同時に、理論社の兄弟会社で私が顧問を務めていた国土社も3年ぶりに、同じ中学年の課題図書に選出されるという同時選出の快挙でした。

本が売れないこの時代において、児童書はさらに初版の販売部数が少なく、通常は数千部売れればいいほうです。1万部も売れればベストセラーといっていいでしょう。

ところが小中学校の課題図書に選出されると、実売ベースで5万部から10万部売れることになります。中小児童書出版社にとって、課題図書への選出は業績向上につながる起死回生の一手といえます。

社員は皆この快挙に喜びました。「社長！　持ってますね！」「社長は強運の持ち主ですね」「社長の強運に感謝です」などと褒めたたえてくれました。これにより一気に社員のモチベーションが上がり、悪循環が好循環に変わりました。

課題図書に両社で選出されたことで、２０１７年7月期の業績は大幅に改善しました。あの時ばかりは自分の「運」のよさを実感しました。

さらに理論社は、翌年も、その翌年も、3年連続で課題図書に選ばれるという快挙を果たしました。幸運を引き寄せたことで、キャッシュフローも含めて業績が大いに安定する結果となったのです。

運が向いた時にやるべきことをやる

運がよかったからといって、喜んでムダ使いしていては次につながりません。幸田露伴のいうように、将来への種まきをする必要があります。

理論社では業績が安定していくなかで、社員の待遇改善や評価改善のための給与制度や人事制度、評価制度の構築を進めました。小規模企業にはよくあることですが、それまでは人事制度がきちんと確立していなかったのです。

同時に、会社の根っこの部分である、各種規程や規則を整備し、システムを含めたインフラ整備も進めました。まずは普通の会社になろうとしたわけです。

給与などの待遇に関しては、決して社員皆が満足するレベルではなかったかもしれませんが、業績が回復したことをきっかけに、少しずつ改善できました。人事評価制度の運用を開始し、貢献度に応じた適切な評価を実施することで、社員のモチベーションが高まることになりました。

成功の瞬間や運が向いたと感じた時こそ、自己満足に浸るのではなく、次のステップへの布石を置くチャンスです。運やタイミングが向いてくるのは、ある意味で偶然の要素も含まれますが、それをしっかりと生かし、さらなる飛躍のための土台を築くことが大切です。

4　志を持って仕事をする

市場が縮小するなかで黒字化の難しさを実感

理論社は「子どもがおとなにそだつ本、おとなが子どもにかえる本」を本づくりのコンセプトに置いて、良質の子ども向けやＹＡ世代向けの絵本や読み物や詩集や図書館向け調べ学習ものなどを出版しています。

創業者であり素晴らしい編集者であった小宮山量平氏（故人）が戦後焦土と化した日本に「豊かな種をまこう」との志を立てて設立しました。当初は経済・歴史・社会科学書を出版していましたが、やがて小宮山氏は、「自立的な人間の誕生を目ざす戦後精神の輝きは、もはや次の世代に期待する以外はない」と、創作児童文学などの児童書に軸足を移しました。

その後は紆余曲折を経ながらも、児童書を中心とする出版社として歴史を重ねてきました。

理論社は、私がそれまで勤めた3社（西洋環境開発、ソフマップ、BS11）と大きく異なりました。それまでの3社では、どうやって利益を最大化するか、大きな成長戦略をどう描くか、増収増益をどう続けていくか、中期経営計画での成長戦略は……などと業績のことばかりを考えて経営をしていたような気がします。

もちろんそれらの会社にも崇高な経営理念はありましたが、目先の売上や利益を追い求めていたのが実態です。そして業績を追い求め、戦略がうまくはまれば、一定の成果が得られていたのも事実でした。

ところが理論社の社長になってみると、これまでの業界とは事情がまったく違うことに気づきました。

そもそも出版業界全体が年々衰退しています。また、少子化により、メインターゲットとする子どもの数も減っています。そのような状況で、児童書出版社の経営を黒字化することの困難さを目の当たりにしたのです。

「志」を軸にした経営に舵を切る

私は、成長戦略や増収増益を考えることの無意味さを感じました。そこで思ったのは、70年続く理論社のブランドや、これまで出版した良本を、この先の未来に存続させていく経営を実践することです。

良質な本、コンセプトに沿った本を出し続けていける経営が大切なんだと肝に銘じて経営に取り組むようになったのです。創業の「志」を大切に感じながら仕事をしていこうと決めました。

決して無理をせず、いつも謙虚な気持ちで、堅実に安定した業績を続けること。そして小宮山量平氏の志を受け継ぎ、「子どもがおとなにそだつ本、おとなが子どもにかえる本」を出版し続けることを心がけました。

「志」の大切さを説いた経営者や著名人は枚挙にいとまがありません。「志」を「考え方」と言い換えれば、次のような言葉が思い出されます。京セラやＫＤＤＩ、日本航空などで辣腕を振るった稲盛和夫氏の名言です。

「人生の方程式とは、『人生・仕事の結果＝考え方×熱意×能力』」

『活きる力』稲盛和夫 著、プレジデント社

「考え方」「熱意」「能力」、この３つの要素で人生や仕事の結果が決まると稲盛氏は語っています。

このうち「熱意」は、誰にも負けないように一生懸命頑張る、そういう意欲のことです。「能力」には、頭のよし悪しはもちろん、体力や健康面も含まれます。ここぞというときにハードワークするには、時には睡眠時間を削ってまで仕事ができるような体力が求められます。

そしてもう１つの重要な要素が「考え方」です。「熱意」や「能力」は０点から１００点までの差があり、一方「考え方」にはマイナス１００点からプラス１００点までの差があると、稲盛氏は説明しています。

つまり、いくら「熱意」や「能力」が高くても、「考え方」1つで、社会の役に立つこともあれば、害悪を及ぼす存在にもなり得るということ。そういう意味でいえば、仕事においては「考え方」つまり「志」が最も重要な要素といえるのではないでしょうか。

その仕事に「志」はあるのか

私も理論社の経営を進めるなかで、考え方（志）の大切さを痛感したことがあります。

2023年5月、理論社は記念碑となる1冊の本、『一年一組 せんせいあのね こどものつぶやきセレクション』（選 鹿島和夫、絵 ヨシタケシンスケ）を出版しました。

この本は1981年に出版した『一年一組せんせいあのね』（編纂：鹿島 和夫）がベースになっています。神戸市で長く小学校教員をしていた鹿島和夫氏（故人）は、担任した小学校1年生たちと「あのね帳」という交換日記のようなものを付けていました。

その「あのね帳」から54編の言葉を、編集者だけでなく会社全体で改めて選び、1つひとつの言葉に対するイラストをヨシタケシンスケさんに描いていただいたものが『一年一組 せんせいあのね こどものつぶやきセレクション』です。子どもに対しても大人に対しても、「志」のこもった本をつくれたと思っています。

この本は児童書では珍しいベストセラーになっており、今後もロングセラーになっていく本に育ってきています。まさに、考え方×熱意×能力、それぞれが高いレベルで融合したことで、いい結果を生んだのだと思いました。

高い「志」「考え方」を持って取り組んだ仕事は、いい結果をもたらす、と実感した出来事です。私の理論社社長として、またサラリーマンとして最後の年に、このような本を出せたことは本当にいい記念となりました。

日々の仕事に追われるなかで、情熱や能力だけで物事を進めてしまおうとするケースはあるかもしれません。しかし、それでは本当に大きな仕事は成し遂げられません。

「そこにどんな考え方があるのか」「志を持って仕事をしているのか」と常に自分自身に問いかけながら仕事をしたいものです。

5　すぐやる、できるまでやる

時期を逃がさずに転職活動に成功

ビジネス人生では、新しいことに挑戦しなければ何も生まれません。挑戦する際は、「できる、できる」と唱えて自分に暗示をかけ続けることで、自分の能力や実力以上の成果を上げられるものです。「幸運」を引き寄せるには、行き詰まった時や逆境の時ほど、ユーモアの気持ちを持って前向きに明るい言葉を使い、行動を起こすことが大切です。

先にも登場した永守重信氏のニデックには、3大精神というものがあります。

「情熱、熱意、執念

知的ハードワーキング

すぐやる、必ずやる、できるまでやる」

（ニデックホームページより）

何事も徹底的に取り組むという永守イズムが体現された、身の引き締まるような言葉だと思います。特に私は「すぐやる、必ずやる、できるまでやる」を好んでいます。

私が2社目に入ったソフマップは、1982年にベンチャー企業の旗手といわれた鈴木慶さんによって設立された会社です。

1995年にウィンドウズ95の発売に端を発するパソコンブームを見越して、その前年から秋葉原での大型店（秋葉原1号店シカゴ。Chicago はウィンドウズ95の開発呼称）や大宮駅前への大型店舗「ギガストア」（1000～2000平方メートルの大型店）の出店を進め始めていた時期。

大型店の全国展開に向けて店舗開発責任者を募集していたタイミングに運よく乗っかり、1996年に私は採用されました。

ディベロッパーの西洋環境開発にいた頃、バブル崩壊後の3年間の厳しい状況下で、ビル事業部にてサブリース物件をテナントへ貸す「貸し手側」の仕事をしてきました。

西洋環境開発を辞めソフマップに転職後、今度はテナント側（借り手側）として店舗開発業務に携わることになりました。「自分はやれるはず！」という前向きな気持ちや、転職への素早い行動、新しい会社への挑戦への心が、ソフマップへの採用につながったと考えています。

「できる」「できる」と自己暗示

ソフマップ入社後は店舗開発課長として、その頃は会長職だった柿谷さん（故人）の下で、全国の政令指定都市を中心とした大商圏の主要駅前でソフマップギガストアを出店していきました。

柿谷会長は、ソフマップが東証二部に上場する前年の２０００年から代表取締役社長となり、２００２年まで社長を務めました。私にとっては、最もリスペクトした２人の上司のうちの１人でした。

私が立案し承認を得た出店戦略・出店計画に基づいて、全国を飛び歩き物件情報を収集し、交渉をし、賃貸借契約を締結し、店づくり（インテリア、什器、レイアウトプランへの参画）を行い開店させていきました。

仙台店からスタートし、新潟、神戸、広島、大阪日本橋、梅田、堺東、厚木、町田、川越、名古屋、有楽町、天王寺、京都などの店を２００２年までに続々と開店させていきました。

店舗面積によっては、その頃まだあった大店法（大規模小売店舗における小売業の事業活動の調整に関する法律）の対象店舗もあり、１か月間泊まり込みで周辺商業組合などへの説明会や個別説明を繰り返し、地元の理解を得るという地道な交渉も行いました。

また、駅前で効率よく回遊性もよいワンフロア型の店舗物件を借りるために、鉄道高架下や商業テナントビルの中層階などワンフロアを持つ家主（ＪＲ西日本やＪＲ東海など）との交渉を行いました。

商業ビルでは西友やパルコ、ビブレなどとも積極的に情報収集と交渉を行いました。ここでは前職のセゾングループでのネットワークが大いに生きました。

本当にできるかどうかわからない壮大な出店計画を現実化するために、「できる」「できる」と自分に暗示をかけながら仕事を進めていたことを思い出します。その結果、多くの店舗をオープンさせることができたのです。

サラリーマンは会社から、達成が無理と思われるような目標を与えられることがあります。それを「できない」と最初からあきらめてしまっては、本当に達成できません。反対に「できる」と暗示をかけ続ければ、いつの間にか本当に「できる」気がしてくるものです。

そして「できる」と強く信じながら、粘り強く取り組んだ先に、運が待っているのではないでしょうか。

6　運命の女神はプラス思考の人の頭上に輝く

買収した事業を1年半で手放す

弱気な性格の人は、物事を悪い方悪い方に考えて、それを運命のせいにします。

一方、性格の強い人は、同じ障害にあっても「なにくそ」「負けてたまるか」と百難不屈の精神でいいほうへ、プラス思考で行動します。プラス思考で行動したほうが、いい結果に結びつくことが多い気がします。

ＢＳ11は２０１０年8月期に黒字化を果たし、２０１１年8月期には財務体質も改善し、大きく成長戦略のステージに乗る状況になっていました。この時期にオーナーから「2年で東証に株式上場を果たせ」との方針が示されました。

たった2年で上場基準をクリアできる状況まで持っていけるかどうかは不安でしたが、上場準備を２０１２年春にスタートしました。

真っ先に行ったのは、その頃子会社だった理論社の他社への事業譲渡です。出版社の経営は、放送会社の経営とはまったく違います。出版業界には独特の制度などがあり、引当金の項目も多く、なかなか決算の数字が確定しづらいのが実態です。出版社を子会社に保有していると上場基準達成や決算迅速化などが難しくなるとの判断から、理論社の売却を決断しました。

「文化の街の放送局」を標ぼうしていたＢＳ11が、文化そのものである児童書の老舗出版社を傘下に入れたにも関わらず、その1年半後に手放すことになったのは、断腸の思いという他ありませんでした。

プラス思考でハードな局面を乗り越える

しかしこの切り離しによって、上場準備は一気に加速しました。

途中、文化学院と共同所有していた土地・建物を、文化学院から持ち分を取得して1棟全体を所有するプロジェクトを同時並行で行っていたので、この時期は本当に忙しく気の休まらない日々でした。

とはいえ株式上場という前向きな仕事であり、業績がどんどん改善していく喜びを感じていたので、ワクワクしながら仕事を進めていました。

そして2014年3月12日、日本BS放送株式会社は東証二部に上場しました。

さらに丸1年後の翌年2015年3月12日には、東証一部に指定替えを果たしました。1年で2回も東証で鐘をついた会社はなかなかないと思います。私自身のサラリーマン人生においても絶頂期だったように思います。56歳のことでした。

新卒で不動産会社に入社した時、まさか自分が後に放送局で働くことになるなんて、そして上場企業の取締役になれるなんて、想像もしていませんでした。運命というのは面白いものだと思います。

「運命は偶然よりも必然である。『運命は性格の中にある』という言葉は決して等閑に生まれたものではない」

『侏儒の言葉』芥川龍之介著、青空文庫

芥川龍之介が随筆のなかで運命について語った言葉です。厳しい局面やハードな仕事の連続であっても、プラス思考とポジティブ思考が大切で、楽しく、ワクワクしながら仕事を前向きに日々行っていくことが幸運を引き寄せることになると考えています。

確かに人生には困難や選択の瞬間が訪れますが、それは成長する機会でもあります。成功の背後には数多くの努力や決断が隠されています。どんな局面でも、未来への期待感を持ち、前進する勇気を忘れないようにしましょう。

7　飛行機は向かい風があるから飛び立てる

一度は辞めたグループへ運命的な復帰

逆境に陥ったこともたくさんあります。特に、理論社での社長時代は、強烈な向かい風のなかで立て直しに取り組んでいました。向かい風が強いときほどポジティブに行動し、追い風のときほど気を引き締めて立ち止まって考えることを唱えていました。

理論社の70周年の記念イベントが終わったあとの２０１７年後半から２０１８年に、またしても、私にとってエポックになる出来事が待っていました。理論社・国土社が改めてＢＳ11に事業譲渡され、ＢＳ11の子会社になったのです。

取締役を退任してグループ外に出た私が、子会社の社長としてＢＳ11グループに復帰することにもなりました。

なんという強運なのか、はたまた悪運なのか……。ＢＳ11の子会社になるタイミングで社長を退かされる可能性もあり、実際にそんな動きもあったようですが、しっかりと理論社での実績を積み重ねていたことで、結果的には社長交代という不運に見舞われずに済みました。

この時期に理論社の経営状況が厳しければ、社長を交代させられていたであろうと考えると、私の「幸運」はまだ続いていたと思えます。

コロナ禍が強い向かい風に

2018年1月11日、理論社・国土社はBS11の傘下に返り咲き、4月には神田駿河台にあるBS11ビルに事務所を移転しました。

そして2018年も2019年も課題図書に選出され、他にも特需のような出来事が起きたことで、2019年度までは増収増益となりキャッシュフローも改善しました。BS11傘下でも親会社の業績にも少しは貢献できる会社となっていました。

しかしこの時期に浮かれるようなことはせず、立ち止まり、気を引き締めて、これからの理論社・国土社の経営方針、事業方針、中長期での生き残り戦略を懸命に考えました。その内容を親会社にも提案し、できるところから進めていました。

2020年になると、新型コロナウイルス感染症が猛威を振るいました。外出自粛スタート時は、「巣ごもり需要」で本が売れる時期もありましたが、それも一時的な特需に過ぎませんでした。

徐々に学校図書館向けも書店向けの本も売上が減少していきました。特需がなくなり、なんとかギリギリで黒字化を確保できるような状況になっていきました。

この頃、社員に対していろいろな場面で話していたのが、「好循環のときほど気を引き締めて立ち止まって考え、悪循環の時ほどポジティブに積極的に行動しよう！」ということでした。

黒字化のためにと、２０２２年から２０２３年、創業75周年記念企画を全国の書店グループの協力を得て展開しました。「自分たちで特需をつくろう」という思いを実現するための企画です。

向かい風のときこそ積極的に動く

「逆境に陥ったら思い出せ。飛行機は向かい風があって飛び立てるのであって、追い風に運ばれるわけではないのだ」

（ヘンリー・フォード）


これはフォード社の創業者、ヘンリー・フォードの言葉です。勇気をもらえる力強い言葉ではないでしょうか。

好不調の波は、その周期の長さや深さに違いはあるものの、個人にも会社にも必ずやってきます。そのときにどう行動するかで、波の長さも深さも変えられます。永守重信氏も、「追い風のときは立ち止まり、向かい風のときには積極的に動く」と語っています。

仕事もプライベートも、人生、山あり谷あり。追い風ばかりではありません。「強い向かい風にあおられて、１歩も前に進めない……」と苦しんでいるときは、この言葉を思い出してください。今の逆境をありがたく感じる日がきっと来るはずです。

8 「鈍」になれば「運」がつかめる

賢くなくてもいい。粘り強く取り組む

運をつかむためにはコツがあります。明治期の日本の実業家で、古河財閥の創業者である古河市兵衛氏の言った次の言葉です。

「私はいつも『運・鈍・根』を唱え続けてきた。
運は鈍でなければつかめない。
利口ぶってチョコマカすると運は逃げてしまう。
鈍を守るには根がなければならぬ。——古河市兵衛」
『ひと味ちがう「日本百名言」』今泉正顕 著、ごま書房

「鈍」というのは、鈍感や愚鈍などのこと。謙虚と言い換えてもいいかもしれません。つまり、あまり賢く才能があっても、その才能に頼って賢く立ち回ろうとしてしまい、大きな成功はつかめないということなのでしょう。

そして「根」はそのまま根気のことを指しています。気力や根性、我慢強さ、忍耐力などとも言い換えることができます。したがって、過信することなく謙虚に、根気よく、粘り強く取り組むことが、やがて運を呼ぶということを古河市兵衛はいっているのでしょう。

鈍であり根だった若い頃

私自身にとって最も「鈍」であり「根」を体現した時期は、20代、30代でした。

私は１９８１年に芝浦工業大学を卒業して、西武都市開発（後の西洋環境開発）に入社しました。

４社に採用申し込みをして、藤和不動産、ミサワホーム、西武都市開発の３社に内定をもらい、最も行きたかった森ビルは不採用でした。

今考えると内定した3社はすべてバブル崩壊後に会社清算や民事再生や会社更生などで1度はなくなってしまった会社で、不採用だった森ビルはその後も続いています。これも何かの因縁、皮肉、暗示だったのかもしれません。

内定を受けた会社の中で、大きな仕事をしてみたい、街づくりを実践してみたい、ワクワクする仕事がしてみたいと入社を決めたのが、西武セゾングループのディベロッパー部門だった西武都市開発です。最後に内定が出た会社に入社できたことも「運」がよかったと思っています。

入社した１９８１年は70年代後半のオイルショックからようやく復活しかけたタイミングで、企業が採用を再開し出して2年目の時期でした。これもサラリーマン生活のスタートにとって「運」がよかった出来事といえます。

入社後は技術部建築課に所属し、１年目は神奈川と埼玉の戸建て住宅開発の現場管理を担当しました。

昼間はどちらかの現場に張り付き、夜には会社に戻り、先輩・上司に報連相を行い、管理日誌を書いてから帰宅するという生活で、毎日夜中11時過ぎまでは仕事をしていました。

この頃は、東京都北区赤羽の1DK風呂なしの公団住宅に住んでいましたが、銭湯の空いている時間に間に合わず、週1、2回は池袋の安いサウナでお風呂に入り、仮眠室で寝てまた会社に行く生活をしていました。

現在であればワークライフバランスを無視したブラック企業さながらの環境ですが、当時の私は今よりもさらに「鈍」な性格で、仕事の長さや上司からの叱責をあまり気にすることなく、ただ根気よく仕事をしていました。

大失敗をするも「鈍」と「根」でリカバリー

現場管理の仕事で今も記憶に残る大失敗をしたことがあります。

一緒に現場管理をする上司の課長が、なかなか現場に来ず、来てもすぐ帰ってしまう人で、新入社員の私はほぼ1人で現場を管理していました。その結果、建売住宅の地縄検査（建物の配置や基準となる高さを確認する作業）の精度が不十分だったため、建物が図面よりも10センチずれて完成してしまいました。

そして10センチもずれたおかげで、車庫に普通乗用車が収まるはずだったのが、軽自動車しか入らない住宅になってしまいました。

この時はさすがに責任を感じ落ち込みました。どうしたらいいのか皆目見当がつかず、途方に暮れました。

悔やんでも、上司を恨んでも仕方なく、１００％自分に責任があると捉え、状況報告と謝罪や依頼を根気よく行いました。その結果、その区画の施工業者が住宅を買い取ってくれて、軽自動車を所有している人に安く提供することになったのです。

入社1年目の大きな教訓であり、反省点であり、経験となりましたし、自分の「鈍」の部分と「根」の部分が生きた出来事でした。

私のように仕事で失敗してお客様に迷惑をかけてしまったり、あるいは職場の上司・同僚・部下との人間関係での問題が発生したりといったことは、サラリーマン人生において何度も遭遇するでしょう。

そんなときには深い反省の気持ちを持ちながら、腐らず、落ち込まず、パニックにならず、根気よく、心からの謝意や正確な報告や説明を続けるなどの努力をすることが大切です。

「鈍」や「根」に徹することで、「運」という活路が開けるものだと思います。

9　運は自分で運んでくるもの

希望退職制度は大きな転機になる

業績不振に陥っている企業では、人件費を削減し経営の安定化を図るために希望退職制度を実施することがあります。希望退職制度の対象年齢は会社によって異なりますが、多くのケースで給料の多い高年齢世代がターゲットとなることが多いようです。

サラリーマンも45歳を過ぎれば、希望退職制度の対象になることはいつでもあり得ます。あなたがそのような立場になったら、どういう決断をするでしょうか。

1987年にブラックマンデー（株価急落）を経て再び上昇していた日経平均株価は、1989年末に3万8915円を付けました。そこをピークに株価は急減速。2年間で60％以上もの下落を見せました。

90年まで急ピッチで上がり続けていた不動産価格も、土地関連融資の総量規制の導入などをきっかけに下落。バブルが崩壊していきました。

不動産ディベロッパーの業績は、バブル時代の大きなつけで急激に悪化していきます。私が勤めていた西洋環境開発も同様でした。

私がビル事業部の計画課課長としてバブルの後始末に奔走している時、1994年から希望退職制度が始まりました。

当初は50歳以上を対象者としてスタートしていたため、「自分には関係ない」と高をくくっていました。ところがその対象年齢が、45歳以上、40歳以上と少しずつ年齢が下がってきたのです。そして1996年1月には35歳以上も対象となりました。当時37歳になっていた私のところにもリストラの波が来たわけです。

運は「運ばれる」ではなく「運ぶ」

私はその時に、「そこまでうちの会社はひどかったのか」と驚き、会社から退職を迫られているようで暗い気分になりました。

しかしその一方で、「前向きに次のステップへ進みなさい」と言われているような気もして、この年の希望退職に応募し、15年間勤めた会社を退職しました。

40歳を前にして最初の仕事人生の転機を迎えることになったのです。当時は先行きが不安でしたが、今となっては、前向きな変化や転機はいい運を運んでくれるものだと感じます。

「『運』という字は『運ぶ』から来ている。つまり、運とは自分で運んで来るものだと。(中略)そうか、運ぶものなのか」

『硫黄島に死す』――『基地はるかなり』

『静かに健やかに遠くまで』城山三郎著、新潮文庫

城山三郎氏は多数の経済小説を著し、『落日燃ゆ』『男子の本懐』『官僚たちの夏』などのヒットを飛ばした小説家です。

『静かに健やかに遠くまで』は城山氏が書いた１００冊近い著作のなかから、「人生に役立つこと間違いなし」の言葉を自ら選んでまとめた随筆です。つまり、「オレの小説の名言集」というわけです。

私は城山小説の大ファンなので、城山節がたっぷりと味わえるこの本も大好きで、たびたび読み返しています。特にサラリーマンにとっては、仕事や人生に立ち向かう勇気を与えてくれる名著だと思っています。

そんな本の中でも気になったのが、紹介した一節です。城山氏は、「運は自分で運んでくるもの」と言っています。「人から運んでもらうものではない」ということです。

そしてもし何らかの転機が訪れたとしても、その転機を生かさなければ、自分のところに「運」はやってきません。

タイミングを逃がさず、自分の意志で、自分自身の人生を前に運ぶことを考えることで、「運」は自分のところにやってくるのだと思います。「運ばれる」と受け身で捉えるのではなく、自分から「運ぶ」ことを常に考えていたいものです。

なお、『静かに健やかに遠くまで』には他にも、思わずうなってしまうような言葉、考えさせられる言葉がたくさん載っています。そのなかからピックアップしてご紹介します。

「おれは仕事に賭ける。人生そのものに賭ける。生き方そのものが賭けになるような人生でなくちゃ、生きがいがないじゃないか」

『今日は再び来らず』

「どれだけええ学校を出たところで、最後はその人の実力だ。それに運ということもある。……万事は運と、それに実力じゃ」

『大義の末』

「焦らず、あきらめず、毀誉褒貶にとらわれず、黙々と歩み続ける――事を成すのは、こういう男ではないのか」

『歴史にみる実力者の条件』

いずれも『静かに健やかに遠くまで』城山三郎著、新潮文庫

第３章　リスペクトの精神が毎日を好転させる

1　他人と自分をリスペクトする

決して忘れられない事件

ビジネスパーソンにとって、他人をリスペクトすることは非常に重要だと考えます。いや、ビジネスパーソンに限らずすべての人間にとって、他人へのリスペクトは絶対に忘れてはいけないものです。

他人をリスペクトすることは、お互いに「かけがえのない存在」であることを認識することです。いつどんな時も、他人へのリスペクト、そして自分へのリスペクトを忘れずに仕事や生活を送っていきたいものです。

「己を尊び人に及ぼす」

（『万人幸福の栞』より）

これは経営者団体の倫理法人会に参加した頃にいただいた冊子にある一節です。世のため人のために働くことが、結局は自分へのリスペクトになる。といった意味かと思います。

反対にリスペクトのない社会では、人々の間に信頼が築きにくくなり、差別や不公平、暴力や犯罪が広がることになります。

私がソフマップの取締役を退任してビックカメラに入社したのが2008年6月2日。その数日後、6月8日に秋葉原で悲惨な事件が起きました。「秋葉原通り魔事件」です。

この事件で、私が出店を進め、前年にオープンさせ、本当に苦労した思い入れのある店舗「ソフマップ秋葉原本店」の１階携帯売り場で働いていたアルバイトの女子学生がナイフで刺され亡くなりました。この事件では、交差点に突入してきたトラックにはねられて３人が亡くなり、ナイフで刺されて４人が亡くなっています。ソフマップ秋葉原本店の前の交差点で起きた惨事でした。

ソフマップからビックカメラに転職してすぐの事件でした。私はビックカメラの朝礼で新入社員として訓示挨拶をする日、この事件への怒りや、ソフマップ秋葉原本店への思い入れ、亡くなった方へのご冥福を涙ながらに話しました。

その時のことは、ビックカメラ社員にとっても印象に残る出来事だったようで、その後数年たった後にも、在籍中ほとんど話したことのない何人もの社員から、「内田さんのことや朝礼の時のお話は深く心に刻まれています」と言っていただきました。

人の悲しさや苦しみを自分のことのように感じたり、悲しんだり、怒ったりできることは、大切なことだと思います。人の喜びを、自分の喜びとして世の中とともに喜び、人の悲しみを自分の悲しみとすることが、共感を生むのだと思います。

自分を尊ぶことが幸運につながる

自分自身の個性を発揮し、仕事に没頭していれば、運も向いてきます。

ビックカメラに再入社して１カ月半ほどしたある日のこと。私は社長づけで経営企画部に在籍していたのですが、すぐ近くの席にいた常務取締役から、オーナーや社長も一緒の会食に出席してほしいと言われました。

そして出席するとその会食の席で、ビックカメラの子会社であった「日本BS放送株式会社」（BS11）に常務と一緒に出向して、経営の立て直しをしてほしいと依頼されました。BS11の再建に、常務が私を推薦してくれたのです。

人と人とのつながりや「縁」とはこういうことなのかもしれません。

誘っていただいたことを意気に感じて、私は2008年8月8日、常務と他2名のビックカメラ社員と一緒に、再建4人組として「日本BS放送株式会社」に入社しました。役職は執行役員経営企画局長。私にとっては不動産、小売業に続く3つ目の業界です。ちょうど50歳になった年の転機でした。

私を一緒に誘ってくれた常務はBS11で社長になりました。自分の身を捧げ、社長を支え、仲間たちとともに会社を再建していくことを心に誓いました。そして自分自身の個性を自覚し、一切を事業の再建に傾け、仕事に没頭して、この会社に身を捧げたことで、この後の「幸運」をつかむことにつながりました。

50代からの林住期は、好きなことをやって、「自分の人生を生きる」ことが1番だと考えています。

しかしそれも他人へのリスペクトがあってこそ。他人へのリスペクトがなければ、自分に運が回ってきません。

「尊己及人」を胸に、自分を、そして他人をリスペクトすることが大切なのではないでしょうか。

2　何事にも誠意を持って尽くす

入社して早々、子会社への異動を命じられる

中国・戦国時代に活躍した思想家である孟子はこんな言葉を残しています。

「至誠にして動かざる者は未だこれあらざるなり」　（『孟子』より）

幕末の志士、吉田松陰が好んだ一節でもあります。「誠意ある心を持って尽くせば、動かなかった人など誰もいない」という意味のこの言葉に、私は人生のいろいろな局面で助けられているといっても過言ではありません。

BS11は1999年に設立され、CSデジタル放送をスタートした衛星放送局です。その後2007年12月1日に無料BSデジタルハイビジョン放送を開始しました。この時、BS11と同時に開局した無料BS放送局は、地上波系5局と独立系のBS12で、計7局でのスタートとなりました。

本放送開始から9カ月時点の2008年8月期決算は、売上高12億円に対して、経常損失27億円と、売上よりも倍以上大きな損失を出す状況でした。また社員は当時の経営に対して大きな不満を抱えていました。

大赤字を経て大改革を断行

放送業界は事業を行うために免許が必要なため、参入障壁が極めて高いビジネスです。また、損益分岐点が高いため、参入したからといってすぐに儲けが出るわけではありません。

しかし、一度損益分岐点を超えると売上の増の数倍で利益が増加する特殊なビジネスモデルの業界でした。

再建に赴く際、オーナーからは「1年で黒字化するように」とのお達しが出ていました。黒字化を何としても実現するために、入社すぐから社長と二人三脚で、ありとあらゆる対策をスピーディに実施していきました。

まずは社員全員との面談を2人で実施しました。また損益分岐点売上を超えるための売上向上施策と制作費の抑制のための思い切った削減計画を迅速に実施しました。大赤字の克服は困難を極め、大変な努力を要しました。

しかし、翌年2009年8月期決算は、赤字幅は縮小したものの最終的に約9億円の赤字という結果になりました。

オーナーへの報告の場では、厳しい叱責を浴びました。その時は「来年は必ず黒字にします。黒字にできなかった場合は辞任します」と一筆書いてきたと記憶しています。黒字化できなかった場合の責任の取り方も約束したのです。私たちは不退転の覚悟を持って入社2年目に臨みました。

コストカットのため赤字番組終了を決断

翌年は、売上目標を損益分岐点となる36億円と設定して、これを必達することを目指しました。

そして収益性の高い（しかし増やしすぎると監督官庁から指導の入る）ショッピング番組を、一時的に放送時間全体の3割から5割まで引き上げることにしました。そして4本柱である報道、アニメ、韓流ドラマ、ショッピングの強化を推進しました。

また制作費のカットとして、夜7時から10時までのスタジオ生放送番組『大人の自由時間』を終了させ、事前収録の番組や外部調達を強化しました。

この時に私が痛感したのは、「放送業界の常識は、一般社会の非常識」ということです。

今でこそ変わってきてはいますが、当時のテレビ業界は口約束が中心で、重要な取引に関することでも契約書を交わすことはありませんでした。

そのため一度始めた番組を止めることは本当に大変でした。なぜならそこには、社員だけでなく外部の制作会社など多くの人が関わっているからです。

しかもテレビ業界は通常の業界と同じように契約で成り立っているわけではなく、あくまでも人間関係で成り立っています。番組のスタートや継続の際も、テレビ局と制作会社で契約書を取り交わすという慣習はありません。「あの番組、来年1年も頼むよ」「いいですよ」だけで成り立つ業界だったのです。

契約書が存在すれば、契約書に記載された期間の満了を持って契約更新を取りやめるとか、記載されている違約金を払うといった方法で解決できます。しかし契約書がないとそれができません。「赤字を止めるために番組を終了したい」と伝えても、簡単には相手に承諾してもらえないのです。制作の終了や変更を実現するには本当に大変な労力を強いられました。秘策などありません。制作会社に日参し、相手を信頼し、誠意を持って時間かけて説得するしか方法はなかったのです。まさに「至誠」です。

1社1社とコミュニケーションを取って、根気強く、粘り強く、交渉、説得することを続けてようやく番組の終了を了承してもらい、コストカットを実施していったのです。

その甲斐あって2010年8月期には、損益分岐点の36億円を超える売上を達成し、たった1千万円でしたが経常黒字化を達成しました。

この年の11月の株主総会で、完全にビックカメラから転籍して、取締役に就任しました。ソフマップの取締役を退任してから2年半後に改めて取締役に就任したわけですが、この時も自分の「運」のよさを感じたのを覚えています。

交渉に勝つための最終兵器は「誠意」

中国の儒教の経典である『中庸』には「至誠無息（至誠はやむことなし）」という記載があります。

つまり「誠実な心を持って生涯を貫きなさい」という意味です。

頭の回転が速く、強烈なリーダーシップで人を振り回していたイメージのあるスティーブ・ジョブズも、「愚直は交渉の最終兵器である」と語っています。相手をリスペクトし、誠意を持って交渉に当たることが、何よりも優れた交渉術といえるのでしょう。

誠を尽くせば、人は必ず心を動かされる。誠を尽くして動かし得ないものは、この世には存在しない。

そのように人に対して性善説を持ち、誠意を持って話をすれば必ず理解してもらえると信じることが、説得や交渉においては大切です。いつの時代においても誠実な心が、理解と信頼を生み出す鍵であるということです。

3　「尊敬」しなくても「尊重」はできる

セゾングループ・堤清二氏の思い出

英語の「respect」には、「尊敬する」「敬意を払う」といった意味の他に「尊重する」という意味もあります。「他人をリスペクトする」というとき、どちらかというと「尊敬」よりも「尊重」のほうが当てはまるかもしれません。

「尊敬」とは誰かと比べて秀でている人を敬う気持ちですから、秀でていることがない、あるいは秀でているかどうかは知らない人に対しては、リスペクトの思いが湧きにくい。

一方、「尊重」は、ありのままの相手に対して敬意を持つということ。したがって相手が誰であっても、知らない人であっても「尊重」はできます。

仕事の中で、自分とは波長の合わない人と接することはよくありますよね。傍若無人な顧客、人の意見にまったく耳を傾けない上司、自己主張が激しすぎる部下などなど……。

そんな相手とコミュニケーションするなかで「言っても理解してもらえない」「自分とは意見が合わない」と感じてしまい、傷ついたり悩んだり、あるいは感情的になったりすることもあるかもしれません。

そのような相手と接する際に役立つのが、「尊重」の気持ちです。自分とはまったく違う価値観を持った相手に対して、「あなたの考えも理解できる」という前提でコミュニケーションするのです。

そうすることで、自分を傷つけたり、相手に対して攻撃的になったりせずに、フラットなコミュニケーションが行えます。

「また、相手を尊重することも大切です。率直にものを言うことと傍若無人にふるまうことは違います。いくら懐が深い相手でも、それに甘えてはいけない。相手を無理に『尊敬』する必要はありませんが『尊重』する気持ちを持ってアプローチすべきです」

『プレジデント　2012年3月19号』プレジデント社

これはセゾングループをつくり上げた経営者・堤清二さんがインタビューのなかで語った言葉です。セゾングループは西武百貨店や西友、クレディセゾンなどを中核とした企業集団で、一時は良品計画やファミリーマート、パルコ、ロフト、吉野家など錚々たる企業がその一角に名を連ねていました。グループ２００社、売上高4兆円以上のコングロマリットを形成する一大流通グループとして、経済界で大きな存在感を示していました。

巨大グループのトップである堤さんのような経営者が、相手を尊重する気持ちを重視していたことを意外に思う人もいるかもしれませんが、私にとってはまったく以外ではありません。

私が西洋環境開発にいた時代、堤さんとたびたび関わることがありましたが、私のような一般社員にはとても優しくしてくれたのを覚えています。一般社員のことも尊重する人でした。

一方、役員クラスの幹部社員には厳しく指導していました。大きな期待をかけている幹部社員に対しては、一般社員以上の尊重の思いを持ち、叱咤激励も込めての厳しい指導をしていたのだと理解しています。

街づくりの仕事で「尊重」を学ぶ

西洋環境開発に入社して4年目、大阪で仕事をしていた私にとって転機となる人事異動がありました。兵庫県伊丹市塚口で西武百貨店が開発を進めていたショッピングセンター（街づくりをコンセプトにした複合商業開発）を推進するグループ共同会社である「株式会社シティ・クリエイト」に出向することになったのです。

「街づくりを実践してみたい！」という夢の一部が入社4年目にして叶うことになったので、楽しみながら取り組みました。テナントゾーンの内装管理室に所属し、開店に向けて徹夜で仕事をする毎日でした。

セゾングループを挙げて取り組んだこの街は、「つかしん（塚口新村の略）」という名称で1985年10月にオープンしました。

グループ会長だった堤さんは頻繁に現場に来訪し、事細かくチェックしていました。不動産バブルが始まるまだ前夜だった時期に、街づくりをコンセプトとした商業施設開発を進めた先見の明には、今さらながら感心します。

「店をつくるのではなく、街をつくるんだ！」と堤さんは盛んに言っていました。「街には教会も飲み屋も銭湯もあるだろう！　なぜ検討しないんだ！」と現場を叱咤していたのを見る機会がありました。

できなかった施設も多々ありましたが、街にあるだろう多くの施設を取り入れ、「つかしん」は華々しく開村しました。

私は開村から半年間、「つかしん」の広報PR担当として、見学者延べ約2000人をご案内しました。この時の経験で、人前で説明することへの恐怖や不安は払しょくされました。

視察に来た方々には、1人ひとりご案内をしていました。懐の深い方に対してはもちろん、傍若無人な方に対しても、親切丁寧に話をしました。すべての質問にその場で答えられなかった場合には、後になってもお答えしていました。社会人として大切な「相手を尊重する」ということを経験したと思っています。

相手を尊重することは、自分自身の成長にもつながります。異なるバックグラウンドや価値観を持つ人々から学び、自己成長と人間関係の構築において、「尊重」は重要な要素であり、日常生活や仕事において活用できる、価値あるキーワードといえます。

4　尊敬できる人の存在が自己の成長につながる

立派な人間になるための条件

サラリーマンが50歳を過ぎる頃、社内では上司・先輩よりも部下や後輩のほうが多くなってくるかもしれません。ましてや起業・独立すれば、一国一城の主ですから、口うるさい上司も先輩もいません。何もかも自分の責任で好き勝手なことをできます。

しかしふとした時に、厳しくも優しく見守ってくれる人がいないことに物足りなさや寂しさを感じることもあります。

次の言葉は、ソニーの共同創業者で希代のエンジニアであった井深大氏の言葉です。

「立派な人間になるための一つの条件は、自分が心から尊敬できる人を持つこと」

『プレジデント　２０２２年9月2日号』プレジデント社

まさにそのとおりだと思います。自分が心から尊敬できる人がいれば、その人を目指し、その人のようになりたいと努力します。また、その人が自分と近しい関係ならば、時に厳しく、時に優しく指導してもらえることもあるでしょう。

尊敬する人を持つこと自体が、いつまでたっても成長できるビジネスマンの条件なのではないでしょうか。

尊敬できる部長との日々

西洋環境開発に勤めていた1986年の春、私は大阪支社から3年ぶりに東京本社に戻りました。大阪になかなか馴染めなかった私にとって、東京に戻れたことは幸運でした。そんな幸運をもたらしてくれたのも、人との縁です。

「つかしん」のプロジェクトでは、当時のセゾングループの各社からシティ・クリエイトに出向者が来ていました。私もその1人でしたが、そこで知り合ったリスペクトすべき上司が、西武百貨店から出向していた水尾部長（故人）です。

「つかしん」開村後、西洋環境開発内にシティ・クリエイト事業部を組織して、ディベロッパーとしてグループ全体の街づくりをコーディネートしていく方針が打ち出され、その組織の部長に就任していたのが水尾さんです。その水尾さんがその部署に私を引っ張ってくれたため、東京本社にようやく戻ることができたのです。感謝の気持ちでいっぱいでした。

その後6年間、水尾部長の下で、バルブ時代の申し子のような大型で、魅力的で、ワクワクするプロジェクトに参加していくようになります。

不動産バブル期は、この1986年を起点とし、1991年の株価大暴落を経た1992年あたりまでのことを指しますが、まさにその6年間をシティ・クリエイト事業部で駆け抜けました。サラリーマンになって最初にリスペクトし、今もこれからも心から尊敬できる上司はこの頃の水尾部長でした。

東京に戻ってから関わった最初のプロジェクトは、セゾングループの渋谷の街づくりへの参画でした。渋谷PRIME館、渋谷SEED館（商業施設）の環境ディレクションと内装工事管理、渋谷西武の改装リニューアルにも関わりました。錦糸町西武や光が丘西武の開店準備室にも参加しました。

西武百貨店やパルコ、西友、広告代理店のSPN（現I&S BBDO）といったグループ会社の同年代の仲間ともこれらのプロジェクトの中で知り合いました。彼らとの交友関係は今も貴重な財産になっています。

どのプロジェクトでも、グループ全体の環境ディレクターとして、環境デザインやインテリアデザインの方向性を示すのは水尾部長でした。上層部からも全幅の信頼を得て、リスペクトされていました。

我々若い社員たちも皆、水尾部長の感性やディレクション能力をリスペクトしていました。私にとっても、仕事人生の中で最初に尊敬できた上司でした。

「自分も将来、上層部から信頼してもらい、的確なディレクションができる人間になりたい。そのためにも感性も磨きたい。そしてリスペクトされる上司になりたい」と強く思いました。

自分が心から尊敬できる人を持つこと、そしてその人との関係を続けていくことこそ人間形成においても大切なことだと思います。

尊敬する人のことを語り合える仲間を持つ

50代、60代にもなると上司の存在自体が少なくなり、そのなかで「尊敬できる上司」はさらに貴重な存在となります。

そこで重要になってくるのが、縁をつなぐことです。かつて会った尊敬できる人との関係を、細々とでも続けるようにしてみてはどうでしょうか。

近況をメールしたり、年に1度くらいは会って話をしたり。そうすることで、尊敬する人の考え方に触れ続けることが可能になります。

尊敬する人が亡くなってしまうこともあるかと思います。その場合は、「自分と同じようにその人のことを尊敬していた仲間」とのつながりを大事にするといいですね。尊敬した人について一緒に語り合えるからです。

尊敬する人と接したり、尊敬する人のことを語ったりすることで、当時の新鮮な気持ちが蘇り、「あのような立派な人物でありたい」と成長意欲が湧いてくるはずです。そんな思いを大事にすれば、人は50代を超えてもまだまだ成長できるはずです。

5　どんな人にも、自分より優れたところがある

出会った人すべてをリスペクトできる考え方

ご縁で知り合った人は、すべて学びの対象です。たとえ希薄な関係であっても、相手から何かを学ぶことはあるはずです。この気持ちを持って人と接することが常に大切です。アメリカの作家、シンディ・フランシスもこんなことを言っています。

「**すべての人に敬意を払うこと。あなたが出会うすべての人は、あなたより優れている点を必ず持っている。何かをあなたに教えてくれるだろう**」

（シンディ・フランシス）

自分にとって苦手な人、あまり付き合いたくない人、自分よりもはるかに若い人、仕事で少し関わっただけの人であっても、自分よりも優れたところを持っているはず。その優れた点に目を向ければ、どんな相手に対してもリスペクトを抱けるのではないでしょうか。

不動産ディベロッパー勤務時代の30代になった後半では、仕事で関わるプロジェクトの範囲が広がりました。海外事業部の要請で、シンガポールとロシアのプロジェクトに参加することになったのです。

シンガポールのプロジェクトは、セゾングループの各社が協力して推進するブギス地区（旧日本人街）の再開発計画です。西洋環境開発がディベロッパーとして、パルコが商業ディベロッパーと

して、西友が食品マーケットとして、インターコンチネンタルホテルがホテル運営会社として参画する大型プロジェクトでした。西洋環境開発の海外事業部がプロジェクトの窓口となり推進していくかたちでした。

シンガポールのプロジェクトでリスペクトし合える仲間と出会う

私は着工の1年前から毎月2週間ほどシンガポールに出張し、現地ディベロッパーとの協議、基本構想から実施設計までの提案などに携わっていました。トータルで10回・100日間はシンガポールに滞在していたと思います。

英語はほとんどしゃべれませんでした。ただ、ビジネス交渉の際は必ず海外事業部の担当者が通訳となってくれましたし、シングリッシュ（シンガポール人の独特の英語）は意外と聞き取りやすく、プロジェクト後半では日常会話程度なら通訳なしでできるレベルになっていました。

シンガポール側のディベロッパーの担当者たちとも親しくなり、いっぱい話をしました。国は違ってもお互いが敬意を払って、1つのプロジェクトに取り組みました。

着工を前にお役ごめんとなり、ブギスプロジェクトの完成は見ていませんし、それ以来一度もシンガポールに行けていないのが残念です。いつかチャンスがあったらシンガポールに行ってみようと思っています。

このプロジェクトで一緒にシンガポールで働いた海外事業部メンバーやパルコチームのメンバー

とはお互いにリスペクトし合う仲で、その後もずっと定期的に集まっています。プロジェクトに関わったすべての人が、私にはない優れた点を持っていて、私に多くのことを教えてくれました。

どんな人にも、自分より優れた点や知識があります。他人から学ぶことは貴重な機会であり、新しい視点やアイデアを得るための方法です。すべての人に敬意を払い、他人と協力しながら仕事をしたいものです。

6　敵のことも味方のことも知る

ビジネスでも日常生活でも役に立つ格言

『孫子』（孫子の兵法）は、古代中国の軍事戦略書で、中国戦国時代に生きた軍事家・孫武によって著されたとされています。軍事戦略、戦術、指導原則に関する短い文章からなり、軍事思想の基本的な原則を解説しています。

この書は、戦争における戦略や戦術についての古典的な指南書として、中国のみならず世界中で高く評価されています。ビジネス戦略やリーダーシップにおける指針としても広く読まれ、現代でも多くの人々に影響を与え、学習・研究されています。なかでも有名な一説がこちらです。


「彼を知り、己を知れば、百戦にて危うからず」　**（『孫子』より）**

相手の強みや弱み、戦略、性格、意図を把握すること。つまり、敵対者や競争相手に対して十分な情報と洞察を持つこと。そして、自分自身をよく理解し、自分の強みや弱み、能力、制約を認識する。正しい自己認識を持ち、自己評価を正確に行うこと。戦争や競争の場面において、相手と自分自身の性質と状況を正確に把握することが、極めて重要であると孫子は指摘しています。

そしてこのような知識を持つことで、百戦しても危険を冒さず、戦略的に勝利する可能性が高まるとしています。

できるだけ情報を仕入れてから交渉に臨む

私自身、ビジネスのいろいろな局面でこの言葉の大切さを実感してきました。

２００３年、私はソフマップの取締役商品本部長として、新商品仕入の責任者をしていました。日本を代表するパソコンやカメラ、周辺機器のメーカーと繰り広げたシビアな交渉はゾクゾクとした高揚感を覚えましたし、神経をすり減らす緊張感のある商談も行いました。ワクワクしながら仕事をしていたことを覚えています。

この年、ソニーに招待され、家電・パソコン量販店各社のトップとともに、パリで開催されたソニーコンベンションに参加しました。当時のビックカメラの宮嶋社長やジャパネットたかたの高田社長と初めてお目にかかったことは、次のステージにもつながる大切な「縁」となりました。ソニー側から出席した当時の出井会長、安藤社長、大賀名誉会長ともお話をする機会があり、本当に貴重な経験ができました。

会社役員ともなると、そのような他社の経営者にお目に掛かる機会はよくあります。そんなときに心がけるのが、「彼を知り、己を知れば、百戦にて危うからず」です。

競合相手ではなく、一緒にビジネスを進める取引先であっても、交渉事ともなればお互いの主張のぶつかり合いです。自分の意見を主張するだけでは交渉は前に進みません。

そんな時に大事なことは、相手を知ることです。私は交渉相手の経歴、人柄、趣味嗜好など、相手の情報をできる事前にインプットするようにしていました。

まったく知らない相手であっても、自社の担当者などにヒアリングし、「どんな話題が好みか」「触れてはいけない話題・言葉はあるか？」などを聞いてから交渉に臨むようにしていました。

シビアな交渉の場であっても、ビジネスの話ばかりでは息が詰まります。プライベートの話、趣味の話などを振ったときに、ふと緊張感が解けて、運よく本音を引き出せることもあります。

あとは、少しでもいい条件を勝ち取るため、性善説で相手をとらえ、誠心誠意粘り強く交渉すること。これが交渉事の秘訣です。

7　敬意を持つことが生産性にもつながる

敬意を持って交渉や説得に当たる

組織のリーダーとして、社員に対して敬意を持ってコミュニケーションすることは、生産性向上にもつながる重要なポイントです。ドラッカーもこのように言っています。

「働く人たちこそ同僚であり、主たる資源であるとの私の考えに、最初に敏感に反応してくれたのが日本企業だった。真の生産性は、働く人たちにそのような敬意をもつときにもたらされる」

『ドラッカー365の金言』P・F・ドラッカー著、上田惇生訳、ダイヤモンド社

BS11で赤字を脱却した後、物事がいい方向にどんどん進んでいきました。

減資によって累積赤字を一掃し、その上で35億円の増資をしたことで、財務基盤が安定しました。

2010年11月には、日本中央競馬会（JRA）と共同で「BSイレブン競馬中継」が放送開始されました。

これによって、売上・利益の4本柱（競馬、アニメ、韓流ドラマ、ショッピング）がしっかりと根を生やし、安定しました。この年の5月にあのアミューズの制作で浅草三社祭実況中継を日本発の3D映像による生放送を実施したことは、大変な苦労したことも含めて今も印象に残る出来事でした。

2010年12月には、民事再生手続中の老舗の児童書出版社・理論社の事業譲渡を受けるM&Aを経営企画局長として推進しました。翌年2011年1月11日、旧理論社から同社の事業一切を授受して新理論社はスタートしました。

私はスタート時、理論社の常務取締役として、作家さんや取次各社（出版業界における卸売問屋のような事業者）、児童図書十社の会など多くの方面に、お詫び行脚の日々を半年近く続けることになりました。

また旧理論社の社員全員と面談をして、敬意を持って話をしました。私にとって出版業界はまったく経験したことのない未知の業界でしたし、それに対して彼らは「志」を持った出版社の経験豊富な社員たちです。敬意を持って接しないわけにはいきません。

有事の際の働きに、社員の生産性の高さを実感

２０１１年3月11日、東日本大震災が起きました。スタジオでビックカメラの通販番組の生放送をしている時間帯でした。

社員の安否確認や、帰宅対応なども重要でしたが、放送局という社会的に大きな役割を持った事業者として、放送の継続、特に報道番組で被害状況や避難所などの案内を1時間に1回ずっと続けることを優先して対応していました。

震災後にＣＭを流せない状況が続いたなかでも、２０１１年8月期は増収増益を達成、２０１２年8月期はさらに成長し、売上高は60億円を超え、経常利益は10億円近くまでになっていきました。

３・11以降の社員の頑張りは素晴らしいものでした。震災の被災地の皆さんに寄り添い、我々ができる最大限の報道を続けていました。また子会社の理論社では、東松島の図書館でほぼすべての本が流されたと聞いて、すぐさま多くの本を寄贈しました。

「真の生産性は、社員の人たち皆の行動や頑張りに敬意を持つことによってもたらされる」。この

ことをまさに経験したタイミングでした。

どんな困難な状況に直面しても、敬意を基盤として行動すれば、必ず乗り越える力が生まれます。リーダーや組織の中の一員として、相手を尊重し、ともに成果を追求する心を持ち続けることが、真の成功への鍵であることを、忘れないようにしたいですね。

8　少しの縁をも生かす

縁がさらに縁を呼ぶ

世の中にあるほとんどすべての仕事は人とのコミュニケーションのなかで進みます。ということは、人との「縁」がなければ仕事もうまくいかなくなってしまう。人との縁がいかに大切かを意識し、縁を生かす気持ちを持ち続けることが大事だといえます。

いい出会いを大切にすると、さらにいい縁が結ばれるから不思議なものです。

例えば、同じ趣味を持つ友人を通じて、趣味のコミュニティに参加する。そこで知り合った仲間との友情が深まり、仕事の面でも新しい取り引きにつながり、ビジネスチャンスを切り開くことになった……。そんな経験を持つ人も多いのではないでしょうか。

縁を生かすには普段の心がけが大切です。江戸時代初期の剣術家で、徳川将軍家の兵法指南役も務めた柳生宗矩が残したといわれるこんな言葉があります。

「小才は、縁に出会って縁に気づかず
中才は、気づいて縁を生かさず
大才は、袖すりおうた縁をも生かす」
『和のこころで日本人らしく生きる本』夢プロジェクト著、河出書房新社

ほんの少しの縁が、さらに新しい縁につながることはあります。

不思議なもので、自分から求めなくても、いい人と出会い結びつきを深めることができれば、その縁でさらに次から次へと出会いが生まれることがあります。したがって、できるだけいい人と多く会うことが大切です。その縁でいい「運」が開けることにつながるからです。

尊敬すべき上司との縁

ソフマップに在籍していた時代には、多くの人とリスペクトし合える関係になりました。そして人との縁がいかに大切なことかを感じられる出会いがありました。そのなかでも、私に最も影響を与えた人が２人います。

１人は当時会長だった柿谷義郎さん（故人）。ソフマップに入社以来、柿谷さんの部下として、どこへ行くにも一緒に行動していました。

昼間も、夜のお酒も、出張もほぼ一緒でした。豪快・豪傑な方でしたが、繊細な一面もあって、本当に愛すべき人であり素敵な上司でした。社員の皆に愛されていて、尊敬されていて、社員皆を

愛してくれた人だったと思います。

若い頃に船員になって世界一周をした話をよくされていました。英語だけでなく、ロシア語、スペイン語、韓国語など何か国語も話せる方で、今なら絶対に行かないと思いますがロシアンパブが大好きで、私もよく連れて行ってもらいました。

日本語がまったく話せないロシア人女性を隣に座らせて、ロシア語で会話するのを楽しんでいました。私はモスクワに5回出張した経験があったので少しだけ会話に入れたものの、ほとんどは話を理解できずにただニコニコと聞いていただけでした。

柿谷さんは愛すべき唯一無二の上司でした。２０１６年６月にすい臓がんでお亡くなりになったのが残念でなりません。伊勢志摩のリタイヤ後の邸宅で行われた「お別れの会」には、私も行きましたが、ソフマップに籍を置いた柿谷さんとゆかりのある多くの人たちが集まり、語り草になっている話や思い出話で大いに盛り上がり、最後は鈴木慶ソフマップ創業者の弔辞に涙しました。

離れていても長く続く縁

もう1人、今でもお付き合いさせていただき、お互いにリスペクトし合える関係にあるのが、ソフマップ創業者・鈴木慶さんの弟で、私が入社当時は副社長だった鈴木礼さんです。年齢は私より3歳下でしたが、同年代の仲間のような関係でいられました。

彼とはなぜか馬が合い、楽しい時間を共有できる関係でした。鈴木礼さんはソフマップが丸紅から資本参加を受けるまで、風評被害で大変な時期を副社長として指揮していました。

そんな時期に、まだ課長だった私の話にも熱心に耳を傾けてくれました。今は大阪・日本橋で、PCパーツや自作パソコンの専門店「株式会社ワンズ」を経営されています。私が大阪出張の際には必ず時間をつくっていただけて、お会いする関係が続いています。

柿谷さんとも鈴木礼さんとも、一緒に仕事をした期間は4、5年ほどで、そう長くはありません。別の道を歩んでも長くお付き合いできたのは、お互いをリスペクトし合い、縁を生かす気持ちを持ち続けたからだと思います。

縁は一度切れてしまうと、復活するのはなかなか難しいですね。電話やメール、年賀状などを通して、相談したり、近況報告したり。そしてたまには会って飲んだり。そんなふうにして、細い関係であっても長く続けることが重要だと考えます。

SNSは縁をつなぐツール

フェイスブックなどのSNSを利用していれば、切れた縁を復活させることも可能です。

私はフェイスブックを日記代わりにして、なるべく毎日、その日に起こった出来事を投稿するようにしています。

ある時、フェイスブックを見ていたら「知り合いかも」の欄にいる女性の写真が目に留まりました。その人の情報をよく見てみると、幼稚園と小学1、2年生で一緒のクラスだった幼なじみの女性でした。

子どもの時以来、まったく会うことがなかったその女性は、なんと著名なパイプオルガン奏者になっていたのです。フェイスブックを通じて縁を復活させ、東京で彼女のコンサートがあった際に鑑賞に行き、約60年ぶりに話すことができました。そんな縁もまた面白いものです。

よく「袖すり合う（振り合う）も多生の縁」といいます。「多少の縁」と勘違いしてしまいそうになりますが、正解は「多生の縁」です。「多生」とは仏教用語で、何度も生まれ変わること、または多くのものを生かすことを意味します。

つまり「多生の縁」とは、多くの生を経る間に結ばれた因縁のこと。道ばたで袖が触れ合う程度の人との関わりも、前世からの深い宿縁によって起こっているということ。これからも、少しの縁を大切にしていきたいと思います。

9　信頼して任せなければ部下は育たない

上司に教わった人材育成のポイント

連合艦隊司令官として真珠湾奇襲攻撃を指揮した軍人・山本五十六の残した有名な言葉があります。

「やってみせ、言って聞かせて、させてみて、ほめてやらねば、人は動かじ。

話し合い、耳を傾け、承認し、任せてやらねば、人は育たず。
やっている、姿を感謝で見守って、信頼せねば、人は実らず」

ご存知の方も多いと思いますが、後半はあまり知られていないかもしれません。

最初の「やってみせ、言って聞かせて、させてみて、ほめてやらねば、人は動かじ」はよく見聞きしますね。

人に指導するには、自ら手本を見せて、それについて説明してから、実際に挑戦させて、それを見て、ほめてやらなければ人は動かない、ということを説いています。

「話し合い、耳を傾け、承認し、任せてやらねば、人は育たず」は、人材育成のコツです。

単に指示して無理やり言うことを聞かせただけでは、その人が本当に理解し、成長したことにはなりません。敬意を持って部下の話を聞き、部下のことを認めて、そして仕事を任せてあげないと、人は育たないということです。

そして最後の「やっている、姿を感謝で見守って、信頼せねば、人は実らず」。ここにもリスペクトの考え方が見られます。

仕事を任せたときに、ついあれこれと口を出したくなりますが、そこはじっと我慢して見守ることが大切です。信頼して任せてあげれば、その人は成長できるということです。

ソフマップ時代に初めて部長に昇進して組織として部下を持つようになった時、リスペクトしている上司であった柿谷さんに、この言葉を教えてもらいました。

山本五十六の言葉をリーダーとして実践

組織を統率してしっかりとマネジメントを行い、会社の業績に貢献することが部長としての大切なミッションです。一方、部下の教育や育成を通じて、お互いの信頼関係を構築することも大切です。そのためにはまず、自らがしっかりと仕事をやって見せる。そして仕事の進め方を説明する。次に、部下にその仕事をさせてみる。できなかったことを指摘するよりも、できたことをほめてやる。そうすることで部下は自ら行動するようになり実績を上げる。

また、部下との面談や話し合いを定期的に行い、部下の話に耳を傾け、積極的に賛同して承認し、任せることで、部下は育つ。

そして、部下が努力して仕事している姿を感謝の気持ちで見守り、信頼することで、部下が成長するものです。まさに、このステップの通りに実践することが人材を育成するということです。

私はこの言葉を、ソフマップ時代だけでなくＢＳ11の時期にも、理論社での社長時代も自分に言い聞かせ、実践してきました。

ＢＳ11に執行役員として入社してすぐに、当時の社長と一緒に全社員と面談をしました。面談では社員の特性や能力、性格などの理解に努めると同時に、不平不満や会社への意見なども聞きました。その上で、ただちに会社の改善や改革の方向性や方針を示し、その方針に基づく業務改革を自らが率先して行動したり実践したりしていました。

面談の中でも、普段の業務の中でも、社員に対して感情的な怒りをぶつけることはしませんでした。長所を見つけ、ほめるときはほめる。感謝の気持ちを持って接するようにしていました。

信頼して任せ、成長を見守る

理論社の社長になってからは、より社員を信頼して業務を任せることを徹底していました。何せ出版業界にとって私は新参者で、それに対して社員はいずれもベテランです。信頼して任せるしか私にはできません。

その一方で私は、社員のことをよく知るために、コミュニケーションの充実に努めていました。個別面談を年に2回実施した他、節目節目に社員説明会や経営方針の説明会、損益状況の報告なども行っていました。

このようなコミュニケーションの機会を増やすことで信頼関係の構築を進め、社員のためになるインフラ整備など縁の下の力持ちとしての役割も担っていました。

結果として社員全員の教育や育成につながったかどうかはわかりませんが、部下や社員との信頼関係の醸成にはつながっていたと思っています。

人材育成は時間のかかるプロセスです。すぐに成果が出なくても、あきらめずに指導し、支援し続けることが重要です。

「やってみせ……」の精神で、従業員やチームメンバーが成長し、変化するのを見守ることが育成の本質です。

10　チームの状況が悪いときほど一体感を高める

多くの問題がある出版業界

アフターコロナとなり、復活している業界もあれば、相変わらず元気のない業界もあります。元気のない業界の筆頭が出版業界といえるでしょう。

出版業界は、私が経験してきた他の3つの業界とはまったく違う、本当に経営するのが厳しい業界です。業界全体の販売金額は1996年のピークから毎年下落していて、現在はピーク時の半分以下の金額となっています。20年以上も右肩下がりを続けている、まさに「斜陽産業」です。

戦後に始まった再販制度（出版社が小売価格を決め、定価で販売できる制度）や返本制度（書店が売れ残った書籍を出版社に返品できる制度）が今も続くことも業界の特殊性を表しています。

小売店である書店、卸である取次、そしてメーカーである出版社が、三位一体となって協力し合わなければ存続すら疑問視される業界だと感じています。

にも拘わらず出版社になる参入障壁は低く、1人出版社を含めると4000社近い出版社が存在していて、業界全体で毎年7万冊以上の新刊を出しています。上位一握りの出版社を除くと経営は厳しい状況です。

もしベストセラーとなるようなよい本をつくれたとしても、需要を正確に読み取れずに販売機会を逃がしたり、返品が多数発生したりして資金繰りが悪化し、倒産することもあるという本当に厳しい業界です。

児童書の出版社についても状況は同じです。児童書の出版社の場合、学校図書館という安定的な販売先があるものの、少子化で子どもの数が減るなか、厳しい経営状況には変わりありません。

歴史ある、ロングセラーの絵本や読み物を出版している会社が多くありますが、どの出版社も「子どもたちのためになり、役に立つ本を出し続ける」という強い使命感のみで頑張っている状況といえます。

お互いをサポートし合う気持ちが一体感をつくる

そのような舵取りが難しい業界における経営者の役割とはどんなものでしょうか。チームの状況を的確に察知し、一体感を醸成するためのリーダーシップを発揮することが大切な役割の１つではないでしょうか。

業績が低迷しているとき、忙しさで余裕がないとき、トラブルが発生しているときなどは、チームのまとまりがなくなりがちです。

まとまりが不足しているチームでは、ビジョンや目標が共有されていません。また、メンバーは協力せず、情報共有もしないため、業務が効率的に進められません。それどころかメンバー同士が対立し、疑心暗鬼になることも。チームメンバー同士にリスペクトがない状態です。

その結果、メンバーのモチベーションの低下が起こり、最悪の場合は人材が辞めていってしまいます。

私が社長・顧問を務めた理論社・国土社は、民事再生手続を経て、ＢＳ11グループの傘下に入りました。

負債を一掃したことで、グループ入り後しばらくはきちんと利益が確保できる状態になり、ホッと一息ついていましたが、この特需があるうちに業績の安定化を図らなければ将来までの会社存続はありません。課題図書への選出などの特需になるようなことがないと、近い将来、簡単に赤字に陥り、資金繰りに逼迫する可能性があると考えていました。

「覚悟と緊張感」を胸に社長としての経営を進めました。新年の年頭挨拶や、経営年度初めの訓示の際は、全社員にしっかりと話をしました。そこでもたびたびキーワードとして使っていたのが「リスペクト」です。

「お互いがリスペクトして仕事をしよう！」「ワンチームになろう」「自分たちで特需をつくろう！」といった内容を何度も繰り返し語りかけました。ある意味で、自分自身に言い聞かせる言葉だったともいえます。

リスペクトし合うことで好循環が生まれる

サッカー指導者で日本でもジェフユナイテッド市原・千葉や日本代表で監督を歴任したイビチャ・

オシム氏もこんなことを言っています。

「相手をリスペクトするのが負けない秘訣だ」

（イビチャ・オシム）

社内の同じチームのメンバーは対戦相手ではありませんが、お互いに切磋琢磨する相手ではあります。だからオシム氏の言う通り、リスペクトは欠かせません。

社員に対しては年1～2回、全員と個別面談を行い、1人ひとりの話をじっくり聞くことにしていました。するとなかには、エクスキューズ（弁明）ばかりでリスペクトが足りないと思うようなメンバーもいました。そんな人に対しては、お互いにリスペクトすることや、悪循環の時ほど前向きに、ポジティブに取り組むことの大切さを繰り返し説きました。

リスペクトの大切さが伝わった社員は、普段のコミュニケーションの取り方が変わります。「お互いに教え合い、助けて合おう」「情報を共有しよう」という姿勢で仕事をしてくれるようになります。その結果、2、3年で大きく成長してくれた人もいました。

反対に、自分のことしか考えていない、他人へのリスペクトが足りない人は、残念ながら停滞したままでした。

チームのメンバー同士がリスペクトを持って接すれば、まとまりがあるチームになれます。そうすれば、メンバーが個々のスキルや専門知識を生かしながら連携・協力して仕事を進められ、高いモチベーションを持って仕事ができます。それにより、いい循環が生まれ、業績も上向きになっていくと思うのです。

11　尊敬できる人が生きる力になる

最も尊敬している人

あなたには尊敬する人がいるでしょうか？　尊敬する人は、多くのことを教えてくれる存在です。尊敬する人を持つことは、私たちに豊かな経験をもたらします。尊敬する人がまったくいない人生は寂しいものです。

私の大好きな作家・城山三郎氏もこう言っています。

「尊敬するに足るひとを、1人でも2人でも多く持てるということ―それは、人生における何よりの生きる力になることであろう」

『**城山三郎全集〈1〉男子の本懐**』城山三郎 著、新潮社

私には尊敬する人が何人もいますが、なかでも最も尊敬しているのは父です。

私は1958年、北海道室蘭市に生まれ、小学校2年生まで室蘭で、その後は苫小牧市で過ごしました。

父は、小学校を卒業してすぐに北海道電力に勤め出し、70歳で子会社の北電工を退職するまで、58年間北電グループ一社をまっとうしたサラリーマンです。

母は専業主婦で、2つ下の弟とのごく普通の4人家族で育ちました。資産家でも重役でもなく、

ごくごく普通のサラリーマン家庭です。自宅は北電変電所の社宅で、映画『幸せの黄色いハンカチ』に出てくるような家でした。

小学校低学年までは引っ込み思案で、学校から帰ると近所のお兄ちゃんたちにくっついて遊んでもらう内弁慶の子どもでした。

今考えると私が一番リスペクトしている人物は父だったように思います。

父のバイクの後ろに乗って、小学校まで送り迎えをしてもらった時期もありました。その時の父の背中の暖かさは今も覚えています。

小学校高学年になると学校で同級生の友達ができて、放課後は遊んでばかりでなかなか帰ってこない子どもになっていました。もちろんテレビゲームなんかはない時代ですから、外で遊ぶことが多かったですね。

建築分野を目指すきっかけに

中学、高校時代はバスケットボールに打ち込み、ごくごく普通の学生生活を送っていました。

高校時代の頃のバスケ部は、女子は道内での強豪校で全道大会の常連でしたが、男子は地区大会でも勝てない弱小チームで、いつも女子の練習相手ばかりさせられていた記憶があります。

３年生最後の夏の地区大会で、女子は当然優勝したのですが、男子もなんと決勝まで進み、決勝戦で勝利したのです。

この時の喜びや嬉しさは今も忘れません。女子が我々男子以上に喜んで泣いてくれて、我々も号泣しました。バスケ部の仲間とはいまだに会う機会があり、当時のことを話します。

あの時の経験は私の人生における生きる力になっています。

私が中学生の頃、運動靴を写実的に描いた絵が市内のコンクールで賞を取り、先生にほめられました。当時、美術の成績がよかったこともあり、単純な発想ですが建築家になろうと思いました。そこで、高校から高等専門学校で建築を学びたいと父に相談しましたが、高校は普通科に行き、大学で建築学科を目指せばいいと諭されて普通高校に進学しました。このことでも父に感謝しています。

父は２０２1年に90歳で大往生しました。コロナ禍だったことで、見舞いにもなかなか行けず死に目にも会えなかったことが後悔となっています。また、晩年の父にいろいろなことで迷惑をかけてしまったこともつらい思い出です。

しかし父は、その時も何か言うわけでもなく、一緒に散歩したり優しく話を聞いてくれたりしました。私は救われるような思いがしたのを覚えています。

また、私が58歳で理論社の社長に就任した際には本当に喜んでくれました。いつもいつもその話をしている父を見られたことは晩年に少しだけ親孝行ができたと思っています。

私にとって最も尊敬に足る人は父の存在でした。今も父をリスペクトする思いが、私の生きる力になっています。

第4章　鈍感力の身に付け方

1　鈍感になれば環境変化にも対応できる

鈍感だからこそ楽しめた海外プロジェクト

「運」をつかむために私が大切にしていることが、鈍、つまり鈍感であること。一言で言えば「鈍感力」です。

私の好きな作家・渡辺淳一氏の『鈍感力』には、こんな一節があります。

「どこの国に行って、どのような自然の下でも、さらに現地のどんな植物を食べても元気で生きていける。

こうした環境適応能力ほど、素敵で逞しいものはありません。

そしてこの適応能力の原点になるのが鈍感力です」

『鈍感力』渡辺淳一著、集英社

『鈍感力』は2007年に発売されベストセラーになった作家・渡辺淳一氏のエッセイです。「鈍感力」はこの年の流行語大賞にもノミネートされ、一般化しました。

私もこれまで、まさに鈍感力で環境に適応してきました。鈍感力なくして、困難な環境下での仕事は不可能でした。

西洋環境開発時代の印象に残る海外プロジェクトは、モスクワオフィスプロジェクトでした。

モスクワ市長がガブリール・ポポフ氏の時代、セゾングループは99年リースで市内のモスクワ川沿いにあるモスクワ連邦政府庁舎（別名ホワイトハウス）近くの土地を確保できたことから、そこにオフィスビルを建設して、在モスクワ日本大使館の分室として賃貸するプロジェクトを進めていました。

現地にセゾングループの駐在所はあったものの、私は工事開始前の計画段階から都合6回、延べ40日くらいモスクワを訪れ、ロシア人との交渉や在モスクワ日本大使館との打ち合わせ、ゼネコンとの打ち合わせなどの業務に従事していました。

また日本に帰ってくれば、外務省を何度も訪れ、在外公館課の担当者と打ち合わせをしました。今考えると、世情不安定なモスクワによく何度も1人で行ったものだと怖くなります。若い頃だから怖い物知らずだったのでしょう。

その頃のロシアはエリツィン大統領時代で、ちょうどホワイトハウス襲撃事件の時にモスクワに滞在していたのですから。今のプーチン大統領時代にはこんな取り組みすらできないでしょうし、行くこともできませんから、まだよかったのかもしれません。

この経験は、環境適応能力の醸成につながったと思っています。鈍感力がなければ、ロシアにアエロフロート航空に乗って1人で行って、モスクワに長期滞在することはできなかったでしょう。ロシア人との交渉も大変でしたが、鈍感力で乗り越えました。

ヘルシンキで出会ったイソタロウ

インフラの施工には許可が必要なため、ロシアの業者に発注しました。一方、建物の建築工事は、高品質な施工ができるロシアのゼネコンが当時はなかったため、入札コンペを実施し、ロシアでの実績と誠実さからフィンランドのゼネコン（HAKA社）に発注しました。

これにより、モスクワ出張の際は必ずヘルシンキにも寄り、HAKA社の担当者と打ち合わせをすることになりました。ヘルシンキにも夏場に2回、冬場に2回行きました。

フィンランドは、北欧でも指折りの親日国といわれています。第一次世界大戦末期に、新渡戸稲造が国際連盟の事務次長として、フィンランドとスウェーデンの間で起こっていたオーランド諸島の領有権争いを平和的に解決したことから親日に発展したと考えられています。

そんなことが理由かどうかはわかりませんが、フィンランド語はなんとなく日本語と似た雰囲気があります。

例えば、街中で多く見かける看板に「OSAKE」がありますが、これは「株、株式、株券」のこと。株式会社は「osakeyhtiö」となります。また、狼は「SUSI」、うさぎは「KANI」、豚は「SIKA」という綴りになるそうです。

個人名にも、日本人のような名前が多いといわれます。私が仕事をしたゼネコンの仕事上での担当者はイソタロウという日本人のような名前でした。ちなみに見た目は、日本人の大好きな「ムーミン」のような雰囲気でした。

困難を恐れない挑戦が鈍感力を鍛える

フィンランドの皆さんからは日本人に対する親しみや共感が見られ、とても心地よく仕事ができました。

お互いに親しみを感じ合う、あるいはリスペクトし合うことは、仕事をスムーズに進めるうえでのベースになるものだと思います。私にとってフィンランドはもう一度行ってみたい国のナンバーワンです。

一方で、ロシア人はどんなに自分たちに非があっても謝ることをしない人ばかりで、プライドばかり高い傲慢な印象が残っています。

結局このプロジェクトもバブルの崩壊とともに立ち消えとなってしまいました。モスクワには2度と行きたくないですが、ヘルシンキはいいところですし、イソタロウとも会いたかったので、残念でなりません。

環境や状況に流されることなく、鈍感力を武器に、柔軟に対応し続けることで、どんな困難な状況でも乗り越える力を身に付けられます。

鈍感力は年齢を重ねてからこそ発揮できる力です。鈍感力を生かせば、未知の領域に対しても必要以上におそれることなく飛び込んでいくことが可能となります。

本書を読んでいるあなたも、自分の鈍感力を信じ、未知の経験や困難を恐れずに挑戦してみてください。その先には、予想以上の価値ある経験や学びが待っています。

2　自分が嫌だと思うことを他人にしない

難しい対人関係もいい訓練に

仕事をしていて今でも最も大変なことは対人関係だと思っています。私も20代、30代の頃は上司との関係が中心で、そりの合わない上司や、瞬間湯沸かし器のようにすぐ切れて怒鳴り出す上司、仕事をしない上司など、いろいろな上司の下で仕事をしました。

仕事が嫌になる時期もありました。でもその都度、「石の上にも3年、ではなく5年」と自分に言い聞かせ、不快感を飲み込み、明るくおおらかに前向きに仕事をしてきました。この時代の経験が、私の鈍感力を鍛える訓練になったといえます。

40代、50代になると、対人関係の範囲が広がります。経営幹部との関係や社長との関係が中心になり、コミュニケーションの質も変わっていきます。取締役になったことで社長との関係が厳しくなることもありました。

40代後半でソフマップの取締役を務めていた時代、6年間で4人の社長に仕えました。皆さんなかなかに個性が強く、接し方に難しさもあり、苦労することもいっぱいありました。リスペクトする気持ちと持ち前の「鈍感力」で、信頼関係を築くよう心がけました。ただなかには関係が厳しい状況になった方もいて、結局は私が取締役を辞任することで改善できました。

実際のところ、鈍感力だけでは乗り切れない局面も会社生活の中ではあります。そんなときは厳しい関係を改善するために、前向きな選択をすることも大切な決断です。

上司からされて嫌なことは、部下にしない

60代を前に社長に就任すると、社員との接し方が最も大変になってきます。社員とのコミュニケーションにおいて私が一番大切にしてきたのは個別面談です。

いくら鈍感力の高い私でも、人間ですから相手に対して不快感や嫌悪感を持つことはあります。そんなときに思い出していたのは、『論語』にあるこんな言葉です。

「それ恕か。己の欲せざる所、人に施すこと勿れ」（『論語』より）

「それは恕（思いやりの心）だろう。恕とは、自分がされたくないことは、人にもしてはならないということだ」という内容です。

親が小さな子に対して言って聞かせるような、ごく当たり前の教訓ではありますが、孔子が言うと重みがあります。まずは自分の言動を慎み、「恕」の心を持って人と接しているかどうか振り返ることが大事です。

私も、自分が上司から言われて嫌だと思った言葉、されて嫌だと思った行動は、自分の部下や社員に対して絶対しないと心がけていました。実際に、部下と接するなかで、キレて怒り出したことは一度もありません。常に冷静に話を聞くことに努めていました。若い時期に鈍感力を身に付けた

ことが、晩年になって生きたのだと思います。

もちろん、怒りたくなることはあります。自己中心的な言い訳ばかりに終始する社員に対しては、キレて怒鳴りつけそうになったこともあります。でもそんな感情がわき上がってきたときには、一度ぐっと飲み込みます。

感情的に話したとしても、決していい結果は生まないからです。冷静になるために少し間を開けるのもいいでしょう。とにかく頭にきたときには、いったん話を止めるのがポイントです。

「己の欲せざる所、人に施すこと勿れ」。自分が嫌だと思うことを他人にしないという戒めは心にいつも留めておくべき言葉だと思います。

3　5つの「ん」（運・鈍・根・縁・感）

「縁」や「感」を味わった思い出の出来事

第2章で、古河市兵衛の言葉「運・鈍・根」を紹介しましたが、私はこれに「縁」と「感」を加えた5つの「ん」を、自分の格言にしています。

「縁」はそのまま人との縁のこと。「感」は、感謝、感動、感性、共感など、いろいろな心の動きのこと。「運・鈍・根・縁・感」の5つが、人生を豊かにするうえで大事にしているキーワードです。

ソフマップ時代に出店した店舗のなかでも思い出深いのは、２０００年11月に開店したギガストア梅田店と翌年11月に開店した有楽町ソフマップ店です。

梅田店は、ＪＲ大阪駅高架下にあり約２０００平方メートルのワンフロア型店舗です。取り引きのあったコクヨの担当者から物件情報を聞き、すぐにＪＲ側と交渉して借りられた物件でした。「縁」と「運」を感じました。

この店の1番の思い出は、開店の日です。1キロメートル以上の行列が開店前から閉店まで途切れることなく続く、前代未聞のオープン日でした。私は行列の整理や近隣からの苦情対応などに終われました。

その日の売上は1日で1億５０００万円を超えました。これはこの規模の店舗では今も抜かれることのない圧倒的な数字です。関わったメンバー皆が満足感でいっぱいになりました。

梅田店は２０１６年に再開発のために閉店となりましたが、この店の伝説はソフマップ関係者の間で今も語り草です。当時の初代梅田店店長が、現在のソフマップ社長であることも、この店の偉大さを物語っているのではないでしょうか。

「縁」によって実現した再開発プロジェクト

もう1つの思い出の店は有楽町店です。元々は都庁舎があり、その跡地に東京宝塚劇場の仮設劇場があった場所で、周辺も含めた再開発に合わせ、住友不動産のビル事業部より「テナントとして出店してほしい」との話を受けたのが発端でした。

ソフマップは２００１年春に上場を果たし、有楽町・銀座エリアで新しい顧客を広げる業態の店舗を検討していたタイミングだったため、1階ワンフロアへの出店検討を進めました。

住友不動産からは「2階、３階のテナントも含めて、大型店を検討できる企業の誘致を手伝ってほしい」と要請されたため、セゾングループに在籍していた人脈を伝って、良品計画とロフトに声をかけました。

その結果、良品計画が無印良品の都市型大型基幹店として出店する意向を示しました。これによって、事業コンペで住友不動産グループが採用されることになったのです。

新しくできた商業施設「有楽町インフォス」は、1階部分にソフマップの基幹店となる新業態店舗、有楽町ソフマップが、２階3階に無印良品が、そして飲食棟に紅虎餃子房が入り、２００１年11月にオープンしたのでした。

このプロジェクトは、多くの関係者の協力の賜物でした。「縁」、つまり人とのネットワークによって実現したプロジェクトだったといえます。

「感」の大切さを知った仕事

ちなみに、何かの因縁かもしれませんが、この年２００１年の6月にビックカメラが旧有楽町そごう跡に有楽町店をオープンしました。

その前年まで、ビックカメラとソフマップは同じくらいの売上高の競合会社でしたが、ビックカメラは有楽町店を皮切りに次々と超大型店を出店し、一気に事業を拡大。ビックカメラがソフマップを傘下に収めたのはこの５年後のことになります。

有楽町ソフマップは、男性オタク層が中心の従来のソフマップ店舗とは異なり、女性もターゲットとする店舗構成を試みました。

そこで、初めてデザイン事務所にインテリアデザインやレイアウトを依頼。展示スペース間は広めに確保され、ＰＣやソフト売り場にありがちな狭苦しい雰囲気をなくしました。女性トイレにパウダールームを設置したり、アメニティコーナーや休憩スペースを設置したりするなど、女性も利用しやすいように工夫した店舗でした。

今考えても斬新で、最初のうちは多くのお客様に来店いただきましたが、従来のソフマップのような猥雑感がないためか、徐々に厳しい状況となりました。

そしてビックカメラ傘下になった２００６年にソフマップは撤退し、同じ場所にビックカメラ有楽町２号店が入ることになりました。

自分にとっては、有楽町店のテナントミックスに関われたこと、新しい業態開発ができたことが大きな財産にもなりました。店づくりにおいて「感性」の大切さを知り、「感動」できる店つくりの大切さを実感しました。

成功の方程式には「運」「鈍」「根」に「感」と「縁」を加えた、５つの「ん」が大切。２つの出店プロジェクトのなかでそれを実感しました。

4　過ちを認める勇気を持つ

過ちを認めないことが過ち

生きていれば、時には過ちを犯すこともあります。犯罪や悪事などではなく、失敗、判断ミス、不注意や怠慢も過ちの一種です。

大事なことは過ちを犯さないことではありません。生きていれば、間違いは必ずあるからです。

孔子もこのような言葉を残しています。

「過ちて改めざる、是れを過ちという」

（『論語』より）

間違うことよりも、それを改めないことのほうが、より重大な間違いだ、という戒めの言葉です。過ちを過ちとして認めず、改めないことが「本当の過ち」です。素直さを忘れてはいけません。

特にシニアになると、人はだんだん謙虚さを失いがちになり、過ちを認めなくなる傾向があります。それでは成長は望めませんし、周りの人も離れていってしまいます。シニアになってもなお人間的に成熟するためには、過ちを認めて、改める心がけが必要です。

過ちを認め、改めることは、個人だけでなく組織にとっても必要なことです。

私のビジネス人生の中で、組織が犯した過ちの大きな原因となったものは、2つのバブルでした。最初のバブルは1986年頃から1992年頃の不動産バブルです。バブルの申し子といわれたセゾングループのなかでも、私の在籍していた西洋環境開発は最もバブルを体現する存在でした。インターコンチネンタルホテルを４００億円で買収した他、ホテル開発、ゴルフ場開発、リゾート開発、マリーナ開発、アミューズメント開発など、どうやって利益を出すべきかの戦略もないまま突き進んでいたような気がします。

それだけにバブルが崩壊したあとの反動は想像を絶する状態でした。取引銀行もあっという間に離れていき、最終的には会社清算そしてグループ崩壊という最悪のシナリオに陥りました。

このバブルの日本全体での過ちとは何だったのか。この時のセゾングループの功罪は何だったのか、西洋環境開発の間違いは何だったのかを素直に検証して、過ちを認めて次の時代につないだのでしょうか。

この頃の私は一般社員であったため、事業の失敗や経営の失敗について深く考えませんでしたが、今だったら自分自身への戒めも込めて、過ちを素直に認める勇気を持ちたいと思いますし、そこから次の時代につながる教訓を残したいと思います。

日本の不動産業界は厳しく長い低迷時期を乗り越え、ここ数年でまたバブルのような状況になっているような気がします。同じような過ちを繰り返さないことを願うばかりです。

ＩＴバブルという過ち

もう１つ経験したバブルは、ソフマップ時代に味わったＩＴバブルでした。このバブルは

1995年のウィンドウズ95発売時の狂騒フィーバーから始まり、2002年頃まで続きました。家電量販店各社は、パソコン関連商品の急激な売上進捗に乗り、大型店の出店を加速させました。ソフマップでも、この間に店舗数や店舗規模を飛躍的に増加させました。しかしパソコンがコモディティ化し、誰もが所有するようになると、バブルに陰りが見られるようになり、新品・中古のパソコン専門店としてのソフマップはこの時期を乗り切ることが難しくなりました。

薄利多売のビジネスモデルだったため、中古パソコンで利益が取れなくなると粗利が10%を切る状況になり、人件費や賃料などの固定費を賄いきれない状況に陥ります。そうなると新たな店舗を出すことが難しくなります。

店舗数などの規模拡大が止まってしまうと、利益を一気に失うことになりました。その結果、ビックカメラに買収されることになりました。

パソコンバブルの崩壊の過ちは何だったのでしょうか。ソフマップの間違いは何だったのか。なぜビックカメラグループ傘下になったのか。企業規模、店舗規模、商品ラインナップの規模が問題だったのか。

ソフマップ時代に私は取締役だったため、この失敗を悩みながら検証し、会社の間違いを見つけ出そうとしました。「たらればを言わず、素直に過ちを認めたいと思いました。

2001年の有楽町店の出店がターニングポイントだったと反省もしています。秋葉原本店の出店もあの時点では無謀だったと感じています。

商品ラインナップを白物家電まで広げ、店舗を大型化する戦略を取るか、逆により専門特化し、集約型の小型店舗とする戦略か、どちらかの選択を早く進めるべきだったと感じています。今、ソフマップはビックカメラグループの中で専門特化した会社として生き残っています。

家電量販店業界は売上トップになった企業が数年後には必ず衰退していくジンクスがあります。今後も業界再編が進むのではないかと思っています。ビックカメラグループには業界の中心にいつまでもいてほしいと願っています。

5　異業種への転職も楽しくなる考え方

上達するために欠かせないこと

仕事や人間関係などでうまくいかないことが続くことはあります。そんなとき「頑張っているのに結果を出せない」「自分はこの仕事に向いていないんじゃないかな」と悩むことはないでしょうか。

一度悩み始めてしまうと、「どうせ自分なんて……」などと負のスパイラルに陥ってしまうこともあります。

そんな感情になったときに思い出してほしいのが、この言葉です。

「これを知る者はこれを好む者に如（し）かず。これを好む者はこれを楽しむ者に如かず」

（『論語』より）

現代語訳は、「物事を知っている人は知識があるけれども、そのことを好きな人にはかなわない。あることを好きな人は、あることを楽しんでいる人にはかなわない」です。

つまり、知ることよりも好きになること、好きになることより楽しむことが、物事の上達につながるということです。

私は会社人生42年のなかで4つの業界（不動産業、パソコン小売業、放送マスコミ業、出版業）を渡り歩き経験を積んできました。どの業界も関連性の少ない別々の業界で、その業界独自の法令や慣習や仕組みが存在します。それぞれの会社に入社した時は、いずれも新参者として業界の仕組みやネットワークを一から知る必要があります。

初めのうちは「自分には向いてない業界では……」と悩んだり、結果を出せないことを悔やみ、「やはり転職しなければよかったかも……」などと負のスパイラルに陥ったりすることもありました。

しかし少し時間がたつと、自分の「鈍」な性格からか、つらい思いがだんだんと薄れていきます。そしてそれぞれの業界についての知識が深まるほど、業界のことが好きになり、そして楽しめるようになっていきました。

どんな仕事も知れば知るほど好きになる

不動産時代は、街づくりの魅力や、内装デザインの楽しさ、海外出張などもあり、どんどん好きになり楽しむ気持ちになりました。大型プロジェクトへの参加は、多くの人と知り合い、議論や交渉を通じて、その人たちをリスペクトする気持ちにもなりました。

パソコン専門店時代は、店舗開発の面白さ、店づくりの楽しさを知り、最新商品についても詳しくなり、どんどん好きになりました。経営への参画は、苦しみの方が大きいものの、楽しむことができました。

放送局時代は、マスコミとしての社会への貢献や、番組づくりの楽しさ、上場活動のワクワク感などを楽しみました。経営企画・経営戦略の仕事では大変なことも多かったのですが、中長期での経営計画を自ら策定していくことにはやりがいがあり、どんどん好きになりました。

出版社時代は、厳しい経営環境の中で、社長としては安定的な黒字体質の構築に取り組み、社員に安定して報酬を出せるように腐心しましたが、楽しむこともできました。また、本づくりの楽しさ、いつも本の近くにいる高揚感なども味わいました。

出版業界の集まりである「児童図書 十社の会」や「ＹＡ出版会」に参画し、他の出版社の経営陣とお付き合いしたことも楽しい思い出です。

まず業界や会社や事業や仕事をしっかりと知ってからそのことを好きになり、そのことを楽しむことが一番大事なことだと42年の中で学びました。

50代を過ぎて転職を考える人の多くは、期待よりも不安が最初に来てしまうのではないでしょうか。特に、今までとは異なる業界へのチャレンジであればなおさらです。悩んだ結果、新たなチャレンジをあきらめてしまうこともあるでしょう。

しかし、何事も、知ることで好きになり、好きになることで楽しくなります。「これを知る者はこれを好む者に如かず。これを好む者はこれを楽しむ者に如かず」を実践すれば、どんな環境でも楽しく仕事ができるのです。

6　最低3年、できれば10年

10年サイクルで自分なりの人生を振り返る

思い切って転職したならば、最低でも3年はその会社または業界に居続けて、知識や経験を深めることが大切だと思います。それくらいは我慢しなければ、「知って、好きになり、楽しむ」ところまでは至らないと思うからです。

作家の城山三郎氏はジャーナリスト・伊藤肇氏との対談のなかでこんなことを言っています。

「**いまの若い人は、わりあい簡単にやめるっていうんだけど、最低三年、できれば十年勤めて、そこではじめて、自分と会社の関係を点検してみること。十年サイクルで自分の人生を振り返るという、そういうことが大切だと思うんです**」

『サラリーマンの一生』城山三郎著、角川文庫

1981年に始まった私のサラリーマン人生は、新入社員の頃に「石の上にも3年じゃなく5年頑張る」と自分に言い聞かせて、5年目に街づくりプロジェクトに参加するという「運」を呼び寄

せました。そこから10年勤めた１９９６年、40歳になる手前の38歳の時に、自分と会社との関係を見直してソフマップに転職しました。

転職から10年たった２００６年、50歳になる手前の48歳の時に、五木寛之氏の『林住期』を読んで、自分と会社との関係を見直しました。そして、自分のための人生にジャンプしようと、50歳の年にソフマップからビックカメラを経由してＢＳ11に入社しました。

そこからさらに10年たった２０１６年、60歳になる手前の58歳の時に、改めて会社と自分の関係を見直す機会を得られ、理論社に転職して社長に就任しました。

まさに10年サイクルで自分なりの人生を振り返ってきました。

１つの会社に入ったらすぐに辞めることなく、できれば10年勤めて、そこではじめて自分と会社の関係を点検してみること。そして、10年サイクルで自分なりの人生を振り返ることが大切なのだと思います。そのことが結果として「幸運」も引き寄せ、いい仕事人生につながることを、身をもって体験しました。

人生にはさまざまな選択とチャレンジがついて回ります。その選択をする時期やタイミングが、結果を大きく左右することもあります。一度の決断や選択が人生のすべてを決めるわけではありませんが、定期的に自分自身を振り返り、自分の歩んできた道を確認することは大切です。

あなたも10年サイクルで人生を振り返ってみてはどうでしょうか。

もし、今までほとんど振り返ったことがないのであれば、10年サイクルなどは気にせず、すぐに振り返ることをおすすめします。それが次のステップに踏み出す勇気やヒントにつながることもあるのです。

7　サラリーマンなら出世を目指そう

出世を目指す過程で得られるものがある

最近では若い人を中心に出世することを嫌う風潮もありますが、サラリーマンである以上は、自分自身の能力を最大限に発揮し、少しでも上を目指したいものです。

出世を目指している人は、高い成長意欲を持って自己実現を目指している人です。そんな人は他人から見ても魅力的に映ります。

「出世でこり固まった男もおもしろくないが、出世をすっかりあきらめた男も魅力はない」

『サラリーマンの一生』城山三郎 著、角川文庫

これはいつの時代も共通する感覚だと思えます。

出世を目指す人は、自分の目標に向かって努力し、リーダーシップや決断力を発揮することで、周囲に影響を与える存在となります。組織にとっても価値あるリーダーとして認められることでしょう。

そのような努力やリーダーシップの発揮は、人生にとっても、持続的な成長と達成感をもたらします。出世を追求する過程で学び、成し遂げることで、満足感と充実感が得られ、充実した人生を築く手助けとなります。

上場時に味わった感動

１９９６年に課長としてソフマップに入社した私は、１９９８年に次長に、２０００年に部長に昇進しました。ソフマップは全国展開を急ピッチに進める一方、経営危機の噂が流れたり風評被害に見舞われたりするなど、激動の日々が続いていました。私はまだ経営の中枢にいなかったため、その詳しい事情がわからず、ひたすら全国を飛び回っていました。

ソフマップ倒産説が流れたのは私が入社してすぐの１９９７年でした。当時ＳＮＳはなかったため、発信源はパソコン通信です。その噂がチェーンメールのように各所に出回り、ソフマップのポイントを顧客が一斉に引き出そうとする取り付け騒ぎも発生しました。しかしメール内容が事実無根であることが公表されたことから、この騒ぎは収束に向かいました。

この後、総合商社の丸紅による資本参加が発表されたことで、一転して経営危機の噂は消え、以後は業績の改善が進みました。

私は２０００年に店舗開発部長に昇進してからは管理監督者として、経営側に近い仕事もすることが増えました。ちょうどＩＴバブルの頃です。

２００１年にソフマップは東証二部に上場を果たすことになります。部長として上場準備室に参加し、中期出店計画や中期経営計画の立案に関わりました。上場を達成できた時の感動をよく覚えています。

運が味方をして取締役に

東証への上場を成し遂げた後も激動の日々が続きました。上場時には社員全員にストックオプションが付与されました。上場後の株価は、1か月くらいは高い水準で推移しましたが、そこから少しずつ下がり始めると、取締役だった3名が辞任するという事態が起きました。

取締役にいるうちは株の売却はできません。大きく下がる前に売却しようという意図での退任なのは明らかでした。上場の際、会社の将来像を語っておきながら、将来の業績悪化を見越したような対応に、腹が立ったのを覚えています。

しかしこの後、2003年新卒で社会人になってから22年目、45歳の年に棚ぼたなのか漁夫の利なのか、私は取締役に就任することになりました。運がいいのか悪いのかは定かではありませんが、ここにサラリーマンの第1の目標である取締役昇格を果たせたのです。

自分自身は出世に凝り固まっていたわけでも、出世をあきらめていたわけでもありませんが、出世というのは、やはり運であり、めぐり合わせなのだと思えました。

その後、BS11でも取締役を務め、理論社では社長を務めることになりました。いずれの場合も昇進に執着して動いたわけでもなく、上司やオーナーにアピール・要請したわけでもありません。

日々の仕事の1つひとつを根気よく楽しみながら行ってきたことで、「運」が味方してくれたのだと思っています。

50代からでも、出世を目指すことは可能です。転職したり起業したりするのではなく、その会社に骨を埋める覚悟をしたなら、あきらめずに上を目指してみてはどうでしょうか。その前向きな姿勢がいつか運を引き寄せるはずです。

8　感動は人生の窓を開く

感動する気持ちを大切に

理論社の社長に就任してすぐに、長野県上田市にある「エディターズミュージアム」を訪問する機会がありました。エディターズミュージアムは、理論社の創業者であり偉大な編集者でもあった小宮山量平さん（故人）の仕事をまとめた施設で、1万5千冊あまりの本が収蔵されています。

そのエディターズミュージアムに色紙のような形で飾られていた言葉が印象に残っています。

「感動は人生の窓を開く」（椋鳩十）

椋鳩十は長野県飯田市出身の小説家、児童文学作家です。日本で初めて本格的な動物文学のジャンルを切り拓いた作家で、『片耳の大シカ』『マヤの一生』『カガミジシ』など、不朽の名作を数多く残しています

私が人生において大切にしていることとして、5つの〝ん〟（運・鈍・根・縁・感）を紹介しました。その1つである「感」はこの「感動は人生の窓を開く」につながっているのではないかと気づき、心に響きました。

私は今まで多くの感動する出来事や空間、景色、人物などを見てきました。そのことが、私の人生の窓が開かれるきっかけとなったのではないかと思えたのです。

高校時代のバスケ部での地区大会で勝利して優勝した時の、仲間たちと分かち合った感動。

西洋環境開発時代のフィンランドで見た大好きな建築家「アルヴァ・アアルト」の設計した図書館や書店の圧倒的な空間づくりへの感動。フィンランドのラップランドで見たオーロラの神秘的で幻想的な景色への感動。

ソフマップ時代のどの店舗のオープンの日でも、多くのお客様で溢れてにぎわう店で、買い物を喜んでもらえた時の感動。

ＢＳ11時代の２０１１年11月11日イレブンの日に、「文化の街の放送局」を掲げて6時間の生放送を社員全員でやり切った時の感動。

理論社で、課題図書に10年ぶりに選出されて、社員皆で喜び合い歓喜した時の感動。

それ以外にも、小さな感動もいっぱいありました。多くの感動を味わえたことが、人生の窓を1つひとつ開くことにつながっていると思います。

感動することは、生きるために欠かせない感情です。感動は、私たちの心を豊かにし、日常の中での小さな奇跡を見付ける力を与えてくれます。

それはまるで太陽の光が窓を通して部屋に差し込むように、私たちの心の中に温かさと希望の光をもたらします。そして、その感動を共有することで、周りの人々とのつながりも深まります。

あなたも日々の中での感動を大切にし、その瞬間を心に刻んでください。人生の旅路の中で、その感動があなたの指針となり、新しい扉や可能性を開く手助けとなります。感動の力を信じ、日常の美しさや喜びを見つけてください。

私はこれからも感動する気持ち、感動できる気持ちを大切にして、新たな人生の窓を開いていきたいと思います。

9　「他力」の風を感じてみる

風が吹かなければヨットは動かない

西洋環境開発はバブル時期に、逗子マリーナ、葉山マリーナ、そしてシーボニアマリーナと、名の知れた素晴らしいマリーナを多数運営していました。そんな関係もあって、西洋環境開発時代にはヨット所有者とお話をする機会もありました。

動力源のないヨットは、風が吹かなければ動きません。とはいえ、いざ風がきたらすぐ動けるように、徹底的に準備をしておく必要があります。ヨットを愛する皆さんは、風が吹かず、楽しめない時が続いたとしても、風を待つ準備やその対策が楽しいんだとおっしゃっていました。

五木寛之氏もこんなことを言っています。

「**私はよく『他力』とはどうゆうものなのかを説明する時に、風にたとえます。エンジンのついていないヨットは、風が吹かなければ動くことはできません。私はこの風のことを『他力』、ヨットを自分自身だと考えています**」

『**ただ生きていく、それだけで素晴らしい**』**五木寛之著、ＰＨＰ研究所**

風が来たらすぐヨットで動き出せるように準備をすること、チャンスを逃さないように待ち受けること、考え得る限り最善を尽くすこと、この努力が「自力」だと書いています。

そして、自力を尽くしたが大自然の前ではもう何もできることがない、そうわかった時、その考えに気づいたということこそ「他力」の働きといえると述懐しています。

私の好きな言葉に「人事を尽くして天命を待つ」があります。仕事をしていると、「人事を尽くそう」「精いっぱいやりきろう」と覚悟を決める瞬間が何度もありました。

覚悟を決められた時はやはり、逆風が吹く中で前に進む風をつかまえるために、最善の準備や努力をせざるを得なかった時期でした。

五木寛之氏は「他力は自力の母。見えない力が背中を押してくれる」とも書いています。

もう「自力」でできることはやり尽くしたと思えるほど努力することが、「他力」の風を感じられるチャンスなのかもしれません。何事にも精いっぱいやろうと思うことが大切です。

第5章　日々反省。でも後悔しない人生を選ぶには

1　ＰＤＣＡとは振り返ること

偉人をつくった「反省」

２０２４年から発行される新1万円札の肖像として使われる渋沢栄一。第一国立銀行や東京証券取引所などといった多種多様な企業の設立・経営に関わり「日本資本主義の父」や「実業界の父」と呼ばれた偉人です。彼の人生哲学や経営哲学は、ビジネスパーソンや経営者にとっても非常に参考になるものが多いですね。

そんな渋沢栄一が座右の銘としていた言葉に「吾日に吾身を三省す」があります。毎日、自分の行動や考えを三度反省するという意味で、私も好きな言葉です。これは『論語』の次の一節から取られています。

「曾子曰く、吾日に吾が身を三省す。人の為に諮りて忠ならざるか。朋友と交りて信ならざるか。習わざるを伝うるか」

（『論語』より）

「曾子は言った。『私は毎日、自分の行いについて3回反省している。その内容の1つ目は、人のためを考えて、誠実であったたか。2つ目は、友人と接していて信義に欠けるようなことをしなかったか。３つ目は、まだ身に付いていないことに他人に教えてしまっていないか』という意味です。

こうした反省が日々の成長につながり、渋沢栄一という偉大な人をつくったのだと思います。

反省はしても後悔はしない

私のサラリーマン人生は反省の日々でした。特に40代で経営に参画するようになってからは、１つひとつの行動や判断、交渉や評価、すべてのことに対して、その日の仕事終わりには反省をしていました。

その中で、「反省はしても決して後悔はしないよう取り組もう」としていたことが、日々の成長につながったように思えます。

ビジネスでは、「ＰＤＣＡ」サイクルが大事と言われます。仕事をスムーズに進めるには、まず計画（Ｐｌａｎ）を立て、それを実行（Ｄｏ）に移し、実行した内容を検証（Ｃｈｅｃｋ）して、そこから今後どのような対策や改善（Ａｃｔｉｏｎ）を行っていくかを検討するサイクルです。

大切なサイクルで、経営やマネジメントにおいても企業が成長していくための重要な経営管理の仕組みです。私自身もＰＤＣＡサイクルを意識し実践・行動していました。それでも、日々の実行した後の自己検証で、反省することばかりでした。

ただし、実行段階では後悔しない選択が重要だったように思えます。挑戦しない後悔より挑戦した反省を選んできました。その姿勢が前進につながることは明らかです。

どんなに綿密な計画を立てようが、まずは実行に移さないと検証もできません。その上で仮説の検証と要因分析をしっかりと行うことが大切なことです。

日々の反省は、「ＰＤＣＡ」サイクルの「Ｃ」と「Ａ」にとって大切なプロセスになってくるのだと実感しています。

やるべきことは「ほぼ日手帳」で管理

私が日々のＰＤＣＡに使っているのは、手帳です。もう20年近く「ほぼ日手帳」を愛用しています。見開きで見たときに、左側のページに1週間の予定が、右側のページにメモが書き込めるタイプの手帳です。

私はその週の初めに、この右側のページに1週間のＴｏＤｏ（やるべきこと）を書き込みます。そして実際にやったら消していきます。こうすることで、その週のＴｏＤｏがあといくつ残っているのかがパッと見てわかります。

そして毎日の終わりや週末には手帳を見返します。予定通り達成したこと、達成できなかったことを振り返り、達成できなかったことについてはその原因を分析します。反省点を一言二言メモすることもあります。

その反省を踏まえつつ、また週の初めに、スケジュールを書き込みます。

このようにすることで、手軽に毎日の振り返りが行えますし、自然と「前回の反省を生かそう」という気持ちになり、それが行動に表れます。

ちなみに、スケジュール管理には手帳だけでなくスマホのグーグルカレンダーも使います。予定を確認するだけならスマホを見た方が便利なシーンもありますからね。

また前にも触れましたが、日記代わりに毎日フェイスブックに投稿するようにしています（フェイスブックで「内田克幸」「katsu.uchida」で探して、ぜひ友だち申請してくださいね）。

手帳、グーグルカレンダー、そしてフェイスブック、この３つを使って自分の毎日を記録し、「三省」するようにしています。

今後の人生においても、「日々反省。しかし後悔はしない！」、そんな生き方をしていきたいと思っています。

2　精神的に引きずらない方法

行き詰まれば、新たな展開が起こる

サラリーマン生活のなかで複数の会社で取締役になり、社長も務めました。その間、トラブルに見舞われたり苦境に立たされたりしたことは数限りなくあります。

そのような経歴を経た人間は、ちょっとやそっとのことでは動じない、強い精神力を身に付けているように思うかもしれませんが、まったくそんなことはありません。

むしろその逆で、私は、トラブルが起きたときに気持ちが大きく揺さぶられてしまうタイプです。

そして、精神的に引きずってしまうところがあり、本来ならすぐに何らかの対策を打つべきなのに行動に移せないこともあります。

私と同じように、トラブルに見舞われたり、苦しい状況に立たされたりしたときに、必要以上に激しく動揺してしまう人は多いかもしれません。そんな人に知っておいてほしいのがこの言葉です。

「窮すればすなわち変ず、変ずればすなわち通ず、通ずれば即ち久し」（『易経』より）

古代中国の書物で、儒教の四書五経の1つ『易経』にある言葉です。題名に「易」とあるように、本来は占いのテキストです。しかしそれが現代では哲学書や思想書として広く読まれるようになっています。

この言葉は、「行き詰まったときは、変わらざるを得なくなる。変われば何らかの道が開かれる。それを繰り返せば、道を長く続かせることができる」といった内容です。

苦しい場面に出会ったときは「窮すればすなわち変ず」と考えればいいのです。起こったことをいいものにするのも、悪いものにするのもその人次第です。

業界全体が徹底的に窮した不動産バブル

窮した経験として思い出すのは、1991年から1992年のバブルに陰りが見え始めたころに取り組んだ、横浜みなとみらい24街区でのプロジェクトです。私のいた西洋環境開発は、三井物産とフジタ工業とともに事業・設計コンペに参加しました。

結局、事業コンペには落選してしまい日の目を見ませんでしたが、このコンペの設計をアメリカ・シカゴの設計者ヘルムート・ヤーン氏に任せたことで、消えかけていた建築家への挑戦の気持ち少しだけ芽生えたのを覚えています。

このころはまだインターネットなるものがなかった時代でした。設計の打ち合わせで、都合３回シカゴのヤーン氏の事務所に私とフジタ工業の設計陣２名の３名で訪ねました。

こちらの要望を伝え図面をすぐに修正してもらい、その図面を持って帰国して検討を行い、またすぐに修正図面や方針を持ってシカゴに行くという弾丸ツアーの連続でした。

ヤーン氏との打ち合わせでは、彼の設計思想や豊かな表現力にいつも驚かされましたし、貴重な素晴らしい経験をしました。ヤーン氏のことはその後もずっとリスペクトしていました。

１９９３年に不動産バブルの崩壊が確実なものとなると、多くのプロジェクトが中止になり、私は部署異動となりました。この年、ビル事業部計画課の課長に昇進しました。35歳での管理職昇進は素直に嬉しかったです。

私と同様に、部下も建築学科出身の２名でした。といっても、２人は有名国立大学の建築学科を優秀な成績で卒業した素晴らしい人材でした。

ビル事業部では、バブル時期にサブリースで取り組んだ物件の後始末のような業務が中心でした。逆ザヤになっている物件の解消に向けた交渉（借り主へは賃料減額を、貸し主には賃料増額をという相反する交渉）、空いてしまったオフィス区画や住宅区画への入居者の誘致、多額に納めていた保証金の保全、賃料が払えず夜逃げした住居の差し押さえなど、本当にシビアで厳しい業務の毎日でした。

最も厳しい時期がかけがえのない縁をもたらした

振り返ればこの時期が、不動産業界に15年いたなかで最も実務が身に付いた時期でした。その前のバブル期の経験は、派手で華やかで楽しかったのは事実ですが、どこかフワフワと浮かれ気分で仕事をしているだけで、身に付くものは多くなかったと言えます。

バブル期の後始末という厳しい戦いに一緒に取り組んだ仲間たちとの関係は、かけがえのないつながり、「縁」となりました。この時のメンバーともお互いにリスペクトし合い、いまだに年1回は「ずぼらの会」として集まっています。

まさに「窮すれば変ず」だったと感じます。バブルが崩壊した不動産業界は徹底的に窮した状態でした。そんな時期にシビアで厳しい部署に変じて、自分の意識も変じて、懸命に努力し、懸命に戦ったことが実務スキルの獲得につながり、一生涯の大切な「縁」につながったのですから。

苦しい場面に出会ったときは「窮すればすなわち変ず」と考えれば、めげずに前へ進む勇気が生まれてくるのではないでしょうか。

3　どちらにも偏らないバランス感覚を持つ

過ぎてもダメ、及ばないのもよくない

ビジネスマンにとってバランス感覚が大事な要素であることは間違いないと感じています。

「子曰く、中庸の徳たるや、其れ至れるかな。民鮮なきこと久し」
（『論語』より）

「過ぎることなく、いつまでも変わらないという中庸の徳・価値は最高のものである。それが行える人が少なくなって久しい」。つまり、どちらかに振れることなくバランス感覚が大事であることを孔子も説いています。

私もこれまでの仕事のなかでも中庸、バランス感覚を大事にしてきました。

特に公共財である「電波」を利用してビジネスを行っている放送局では、極めて高い公共性、バランス感覚が求められるといっていいでしょう。

私の勤めていたＢＳ11では、経営ビジョンに「豊かで　癒される　教養・娯楽番組と　中立公正な　報道・情報番組を発信し『価値ある時間』を約束します」を掲げています。中立公正が大きなキーワードとなっています。特に報道番組においては、どちらかに偏らず、いつまでも変わらない中庸の徳・価値が大切だとしています。

ＢＳ11で平日の夜、生放送している報道の看板番組が『報道ライブインサイドＯＵＴ』です。番組制作者や番組ＭＣは日々細心の注意を払って、その週のゲストやテーマ選定を進めていますし、番組の中での言葉やコメントにも慎重に対応しています。

バランス感覚を持つことが生き残るコツ

中庸の徳は私自身にとっても大切な言葉です。

自分が一般社員の頃、上司や同僚から「バランス感覚があるのがいいと思うよ」とほめてもらいました。また取締役や社長になり、社員を採用する際の面接や、人事評価の一環としての個別面談の際には、「この人はバランス感覚をどのくらい持っているか」という視点でコミュニケーションをしていました。

具体的には、いろいろな質問を投げかけたときに、答えに一貫性があるか、自分のスタンスをきちんと持っているかを注意して見ていました。また、仕事に優劣を付けて取り組んでいないかも、見るべきポイントでした。

バランス感覚は、究極的には「社内外の人に可愛がってもらえるか」につながります。主張が激しすぎる人は他人と協力しながら仕事をするのが難しいですし、まったく主張がない人は自分を押し殺しすぎて、仕事にやりがいを持てず、周囲に悪影響を及ぼす可能性もあります。

過ぎることもなく、及ばないこともなく、どちらかに振れることなく、いつでも変わらない気持ちでいられるバランス感覚が大事ということです。

一匹狼で勝負できる芸術家や芸能人などはまた別かもしれませんが、サラリーマンや経営者など一般の社会人であれば、中庸を大切にする人間の方が生き残っていけます。

バランス感覚は仕事のみならず、人生全般においても大切な要素となります。人間関係や趣味、健康、家族との時間といった生活の各面において、適切なバランスを持つことが、心の安定や成果をもたらします。

特に現代のような多様な価値観や情報が錯綜する時代において、中庸の価値を理解し、バランス感覚を養うことは、よりよい人生を築くための鍵といえるでしょう。

4　学び続けるには本が一番

私の読書遍歴

私の65年の人生は、ずっと本とともにあったような気がします。

小学生の頃に、星新一のショートショートをむさぼり読んだのが発端で、中学生・高校生時代は、司馬遼太郎の『燃えよ剣』などの歴史小説や、石川達三の『青春の蹉跌』、五木寛之の『青春の門』などの小説を読み漁りました。大学時代は建築の本が多かったですが、一方で村上春樹と村上龍の小説を拝むように読みしました。

社会人になってからは、三国志や論語、老子や孫子などと中国の古典から始まり、ドラッカー、渋沢栄一、松下幸之助、鈴木敏文、稲盛和夫、スティーブ・ジョブズなどのビジネス書や経営書まで広く読んでいました。

40代50代には、人生の岐路に立ったこともあり、五木寛之のエッセイや格言をすべて買って読んでいましたし、渡辺淳一のエッセイもよく読みました。

理論社で社長を務めていた時には、仕事として毎日児童書を読みました。自社が出版する本はすべて、ゲラ（校正紙）段階と、見本誌ができた段階で、必ず目を通していました。

書店をブラブラするのも大好きです。タイトルや表紙、目次が気になった本はどんなジャンルの本でもすぐに買うようにしています。本との偶然の出会いを大切にしたいからです。

一気読みするエッセイもあれば、じっくり味わうように三度読みする本もあり、全部を読まずに「積ん読」になってしまう本もいっぱいあります。知識としての読書もあれば、娯楽としての読書もあり、どちらにしても本は大切な学びの友となっています。

読むだけでなく実践する

しかし、実践を伴わない「読むだけ」の読書は意味がありません。孔子もこのように語っています。

「**学びて思わざれば即ち罔**（くら）**し。思いて学ばざるは即ちあやうし**」（『論語』より）

「読書や先生から学ぶだけで、自分で考えることを怠ると、知識が身に付かない。また、考えることばかりで読書を怠ると、独断的になって危険である」という意味です。効果的に知識を身に付けるには、読書で知識を学ぶだけでなく、その知識を生かして自分自身の頭で考える。そのバランスを上手に取ることが大事であると孔子は論じています。

教養を付けることも大事ですが、読んだものを実績に生かさなければ、その教養が本当に身に付いたとはいえません。読んだことを普段の仕事や生活に生かすという考え方も大切です。

そこで私は単に本を読むだけでなく、読んだ本から感じたり、知識として吸収したりしたものを自分のなかで考察して、実際に行動に移すことを心がけています。

その場合、急いで読むよりも、じっくりと味わうように読んだ方が効果があるようです。私は年齢とともに、自分なりに選んだ本を、じっくり読みこむ読書をするようになってきています。

知識を身に付けるための読書と、知識を自分の血肉とするための思索。よい行動につなげるためには両方が必要となります。

ぜひ、自分の血肉とするために、多くの本を読んでいただければと思います。

5　自分のなかにミッションを持つこと

目的、決断、実行

目的を持って人生を送っているでしょうか。またその目的に沿って、決断、実行をしているでしょうか。

ドイツの詩人・ゲーテは、「人間にとって最も尊ぶべきことは、はっきりと自覚した目的を持つことと決断、さらに実行なのである」という名言を残しています。

たとえ困難が待ち受けていても、明確な目的は私たちを前進させる力強い灯台となるのです。

目的を持ち、決断し、実行する。当たり前といえば当たり前のことなのですが、実行はなかなかできません。だからこそ、人間にとって最も尊ぶべき行為なのです。

私が3社目に入社し取締役を務めたBS11が設立したのは1999年。当初は、CSデジタルでデータ放送をしていましたが、総務省よりBSデジタル放送の免許を交付され、2007年にBS放送局として開局しました。

この年、地上波系5局と独立系2局（BS11とBS12）の計7局の無料BS放送局が同時にスタートしました。

免許が必要であり参入障壁の極めて高い放送ビジネスは、損益分岐点を超えるまでが大変ですが、一度損益分岐点を超えると売上増の数倍で利益が増加していくという特殊なビジネスモデルの業界です。

私はBS11ではさまざまな勉強・経験をしました。BS11はビックカメラの子会社でしたから、子会社の悲哀も感じました。なかなか赤字体質を脱却できない中で、親会社への毎月1回の報告会は毎回「針のむしろ」の心地でしたし、オーナーからの厳しい叱咤激励もつらかった。

しかし、目的は明確にありました。業績向上、利益確保です。そして、どうしたらそれが実現できるのかを日々考えて、決断し、実行していきました。それは経営者として大きな喜びであり、ワクワクもしていました。

結果が出てくると楽しいし、さらによくしたいと向上心が芽生え、幸せな気持ちになりました。この気持ちを持ち続けたことが、今までの「運」とこれからの「運」を運んできてくれたのかもしれません。

ジャパネットたかた元社長が大切にしたこと

通信販売会社ジャパネットたかたの初代社長の高田明さんは、著書のなかでこんなことを書いています。

「経営者にとって大事なことは、ミッション、パッション、アクションの３つだと私は考えています。

伝わるコミュニケーションと同じです。会社の使命を大切にし、情熱を持って、時代に即して行動することが重要だと思うのです」

『伝えることから始めよう』高田明 著、東洋経済新報社

「ミッション」は変えてはいけない、絶対に守らなければならない理念や使命のこと。最近の用語で言えばパーパスでしょうか。高田社長は「不易流行」という言葉を挙げ、ミッションさえ守れば（＝不易）、どんどん会社は変わっていくべき（＝流行）、と語っています。

「パッション」は情熱。高田さんといえばテレビショッピングでの甲高い声が特徴的ですが、普段は低い声で落ち着いて話す方です。

しかしテレビの前では、「伝えたい」という情熱が前面に出てくるために、声が高くなってしまいます。その情熱がテレビ画面の向こうにいる多くの視聴者に伝わったことが、ジャパネットたかたの躍進につながったのです。

そして３つ目の「アクション」。これは、ただ動くことではなく、「時代に即して行動することが重要」と高田さんは語ります。

明確な目的を持つことが自分へのリスペクトに

私もこの3つの要素は非常に重要だと思います。経営遂行においては、従業員に対してミッション、つまり理念や方針を示さなければ何事も始まりません。また、熱い情熱を持って取り組む姿勢、決めたらすぐに行動に移す迅速性やスピード感も重要です。

自分がこの3つを具現化できていたかどうかはわかりませんが、大事にする気持ちを持って取り組んでいたことは事実であり、誇れることです。BS11も含めて、過去に勤めてきた会社に対しては、今も多くの人に対して、事柄に対してリスペクトしていますし、ロイヤリティーも持っています。また、自分自身の経営姿勢に反省はたくさんあっても、後悔の念は1つもありません。

はっきりとした理念や目的を持つこと。そして目的に向かって決断し、実行することから、何らかの成果が生まれます。それがうまくいかなくても、反省して、仕切り直して、また前に進むことは可能です。

そのように繰り返しチャレンジすることが、何より大切な自分へのリスペクトにもつながるのではないかと思っています。

ちなみに、私が退職後に起業した新会社の理念は「『Useful & Confort』社会の役に立つ、心地よい会社を目指す」です。地域社会の皆さんの役に立つ、有益な会社に育てていきます。

第6章　定年後のあなたの羅針盤

1　変化することが自らに刺激を与える

自らに変化を与え、駆り立てよう

本書を読んでいる方のなかには、定年後を間近に控えている人も多いかもしれませんね。今、どんな心境でしょうか。

定年退職というのは、長い勤務生活の終わりを迎えると同時に、これまでの日常からの大きな転換点です。何をして過ごせばいいのか、経済的に大丈夫なのか、健康を保ちつつどれだけ活動的に過ごせるのか……と不安を感じているのではないでしょうか。

特に今の時代、定年後の生活がどれほど不確かなものであるのかを感じる人は少なくないでしょう。まるで大きな闇の中に足を踏み入れるような、先の見えない不安に包まれる時期でもあります。

そんな不安を払しょくする方法があります。積極的に変化することです。

年齢に関係なく、いつの時代も、変化することが自らに刺激を与えるものです。

人生100年時代といわれる昨今、ますます人が長生きするようになり、長く活動できるようになるにつれて、変化することの必要性は大きくなると考えます。

「自らに刺激を与えるうえでも、ある種の変化が必要である。この必要は、ますます人が長生きするようになり、ますます長く活動できるようになるにつれて大きくなる。変化といっても、かけ

離れたところに移る必要はない」

『プロフェッショナルの条件』P・F・ドラッカー著、上田惇生訳、ダイヤモンド社

これは『プロフェッショナルの条件』の中の「Part5 自己実現への挑戦」にある一文です。ドラッカーは常に、自らの成長を促す問いとして「何によって覚えられたいか」を問いかけているそうです。このように問いかけ続けることで、自らをそうなり得る人物に近づくよう、仕向けられると言います。「日常化した毎日が心地よくなってきた時こそ、違ったことを行うよう自らを駆り立てる必要がある」とも書いています。

私自身も定年後の羅針盤として、自らに刺激を与えるうえでも、ある種の変化が必要であると考えました。そこで、故郷である北海道に移住して、起業するという大きな変化を選択しました。

引退に向けたステップ

きっかけはいろいろあります。コロナ禍で理論社の経営が厳しい状況になっている最中の2021年5月に、私の人生で最もリスペクトしていた父をコロナ禍で亡くしたこと。また2023年5月に自分自身が現代のサラリーマン人生の定年である65歳を迎えること。これらのことから、自分の引き際を考えるようになりました。

サラリーマン社長であっても、いえ、サラリーマン社長だからこそ、自分の引き際を自分で定め、後継者の育成や会社を未来まで続けていくための人材登用や組織改革、意識改革を時系列で定めて

いかなくてはいけないと感じていました。そして業績面では黒字経営を続けながら、引き時に向けた1つずつのステップを踏んでいきました。

まず、新体制への移行に向けて、組織改革を実行しました。新社長を実務面で強力にサポートし、しっかりと組織をマネジメントできる人間を外部から積極的に登用して、信頼できる体制を組み立てました。

次に会社がワンチームとなって会社・組織・社員が協力して難局に取り組める意識改革を実行しました。

まだまだできていない改革もありましたが、２０２２年10月の株主総会で取締役を勇退して、３年ほどの間、一緒に難局を乗り越えてきた取締役に社長職を託しました。１年間は顧問として新社長を補佐した後、２０２３年９月、42年間のサラリーマン人生にピリオドを打ちました。

社会の役に立つ、心地よい会社を目指す

そして２０２３年10月、故郷の北海道に帰り、株式会社Ｕｃｏｎｆｏｒｔ（ユーコンフォルト）を起業しました。ずっと自分自身の中で思っていた「Ｕｓｅｆｕｌ＆Ｃｏｎｆｏｒｔ」（社会の役に立つ＆心地よい会社）を企業理念に掲げています。

「林住期」は50歳から75歳までの期間を指しますが、私にとっては、50歳から65歳までがサラリーマンの総決算として「覚悟と緊張感」を持って働いた時期でした。

そして65歳から75歳の10年間を、私にとっての真の「林住期」と考え、大きくジャンプ、変化していきます。

新会社ではこれまでのご縁を大切にして、親切丁寧に企業と企業をつなぐ仕事をして、心地よい会社、社会に役立つ有益な会社を目指しています。これからもリスペクトの気持ちを持って「運」と「鈍」と「根」と「感」と「縁」を大切にして、「幸運」をつかみ取れるように楽しみながらワクワクしながら生きていきます。

本書を読んでいるあなたにもぜひ、自らに変化を与えてみることを強くおすすめします。きっと、ワクワクする新しい人生が開けるはずです。

2　なんのためにいきていますか？

厳しい環境のなか、特需をつくった

理論社で社長に就任してから「自分たちで特需をつくろう！」を経営方針に掲げ、徹底的に売れることにこだわった本を企画し、組み立てて、仕掛けていくことで、他力ではなく自分たちの力で特需をつくり、生き残っていこうと社員に呼びかけていました。

残念ながら、理論社で勤めた最後の年の前半は、大きな特需もなく、厳しい損益状況で推移していました。しかし最後の最後で、特需がやってきたのです。

自分たちでつくった特需の第一弾となる1冊となった、2023年5月に発売した『一年一組せんせいあのね こどものつぶやきセレクション』の発売です。

この本は、児童書としてはベストセラーと呼べるほどの注文をいただき、全国の書店に今も並び売れ続けています。絵本はベストセラーよりロングセラーを狙っていくのが定石ですが、この本はベストセラーにもなり、ロングセラーにもなる絵本として認められたのではないかと思います。

自分が引退する最後の年にこの本を刊行できたことは、やはり「運」がよかったですし、引退後の人生の指標をこの本からもらった気がしています。

多くの子どもたちのつぶやきの中から、定年後の自らの羅針盤として一遍の言葉を選びました。

「せんせい
にんげんは
なんのためにいきているんですか
ぼくは
たっぷりあそんで
たのしむためだとおもいます
せんせいはどうおもいますか」

『一年一組せんせいあのね こどものつぶやきセレクション』
鹿島和夫選、ヨシタケシンスケ絵、理論社

「ぼくは　たっぷりあそんで　たのしむためだとおもいます」と言うこの子に、「わたしもそうおもうよ！」と答えたいです。

人生の後半ではたっぷり遊ぶ

論語にも「子曰く、道に志し、徳に撚り、仁に依り、芸に遊ぶ」という言葉があります。君子は人として正しい道を志し、徳を拠りどころにし、仁（思いやり）の心に従い、趣味や教養を大切にする、という意味です。これこそ昔から言う「よく学びよく遊べ」の理想的な生き方です。

単に勉強すればよいのではなく、人格を磨き、他人を思いやるということをも身に付けたうえで、気分ほがらかに趣味や自分の好きなことに打ち込んで遊ぶことが大切です。

そういえばこれまでのサラリーマン人生では、ゴルフくらいしか趣味と言えるものはありませんでした。これからは、ゴルフはもちろん、あらゆる遊びにチャレンジしたい。65歳からの第2の人生は、たっぷりあそんでたのしむために生きていこうと思っています。

遊び心を忘れずに生きることは、心の若さを保つ秘訣でもあります。人生のどの時期であれ、自分らしく生きること、新しいことに挑戦することを恐れず、心の中の好奇心や情熱を大切にしましょう。

そうすれば第2の人生も、前向きに楽しむことができ、新しい発見が生まれ、さらに豊かな日々を過ごすことができるでしょう。

3　定年後の人生にもやっぱり必要な鈍感力

ピリピリとした日々もういらない

私は20代、30代から鈍感力を持っていたからこそ「幸運」に恵まれたと思っていますが、定年後の人生にとっても、「鈍感力」はより大切だと思えるようになりました。

サラリーマン時代、特に経営者の時代は、やはりいろいろなことに敏感になっていました。社員との面談の際や、親会社への報告の際や、損益実績の数字分析の際などで、ピリピリしていた場面が多くありました。

サラリーマン社長にとって、経営数字は会社への社会からの評価であり、黒字化していくことが、社員の努力に報いてあげられる唯一の手段です。数字には敏感になりました。

ただ、数字に敏感に反応しつつも、くよくよして落ち込んだりイライラしたりすることなく、常に前向きにとらえるように心がけたことで、社員の努力になんとか報いてあげることができました。

「**鈍感力とは、『どんなときもくよくよせず、物事を前向きに捉えていく力』のこと**」

『鈍感力』渡辺淳一箸、集英社

残念ながら多くの人は年を取ると怒りやすくなる傾向があるようです。私自身もそういうところはあると自覚しています。ですからなおさら鈍感力の発揮が重要になります。どんなときも、くよくよせず、より物事を前向きに捉えること。そのためには日頃から、「あえて鈍感になる」ことを心がける必要があると感じます。

幸いにして定年後の次のステージでは、経営数字に敏感になる必要はありません。社員を雇わなければ、社員への報酬で気を揉む必要はありませんし、生活費さえ確保しておけば、会社の業績や自分自身の収入についてもシビアに考える必要はありません。

「細かいことはどうでもいいや」くらいの感覚で生きられることが、シニア起業の大きな魅力です。第2の人生、ますます鈍感力に磨きをかけていきます。

「鈍感力」は、経験や知識だけでは獲得できない、人生の深い部分で培われる資質です。あなたもぜひ、どんな状況でも前向きに、そして少し鈍感に、楽しみながら次の章を生きていく勇気を持ってください。年齢とともに増す鈍感力を、自分自身の強みとして生かすことで、さらに充実した日々を過ごせることでしょう。

4　社会の役に立とう

社会・地域・業界に役立つ会社になる

人の役に立てば、人から認められたり感謝されたりすることになり、「自分は他者に貢献できている」「自分には価値がある」と思えるようになり、承認欲求を満たすことができます。

心理学者のアルフレッド・アドラーも、人生において最も大切なことは「他者貢献」だと言っています。

「共同体、つまり他者に働きかけ、『わたしは誰かの役に立っている』と思えること。他者から『よい』と評価されるのではなく、自らの主観によって『わたしは他者に貢献できている』と思えること。そこではじめて、われわれは自らの価値を実感することができるのです」

『嫌われる勇気』岸見一郎・古賀史健 著、ダイヤモンド社

他者に貢献した結果、人は充実感を得られ幸福に感じられます。

BS11の取締役経営企画局長時代に、経営理念・経営ビジョンの再構築と社是の制定に関わりました。社是の制定では、オーナーから「社会の役に立つ放送局になる」を掲げてはどうかとご提案があり、この時に「社会の役に立つこと」の重要性に改めて気づきました。

西武グループには、「感謝と奉仕」が社是として掲げられていました。これも、社会の役に立つ企業を目指すことと近い考え方ではないでしょうか。

若い時は社是についてあまり意識することはなかったと思います。しかし50代になって経営の中心にいるようになると、社是の大切さや、経営理念・ビジョンの重要性を実感するようになりました。そんな時期に「社会の役に立つこと」の大切さを改めて認識し、この気持ちを持つことが、最も「運」をもたらすのだと理解しました。

定年後の第2のスタートとして1人起業しようと決めた際に、会社の名前と経営理念や経営ビジョンを真っ先に考えました。経営理念として「社会の役に立つ」「心地よい」会社を目指そうと考え、その理念にちなんだ社名を付けました。

そして、業務を通じて故郷である北海道地域や、これまでお世話になった4つの業界への恩返しをしようと思いました。

具体的な仕事の中身は、北海道エリアでの不動産流通への取り組み、店舗開発やテナントリーシングのお手伝い、放送業界や出版業界での北海道エリアでの貢献などなどです。

定年後から自分自身で始める会社では、最も重要なこととして、「社会の役に立つこと、地域の役に立つこと、4つの業界の役に立つこと」と考え、サラリーマン時代の「幸運」を違ったかたちでもたらされるようにしていこうと思います。心地よさも大切にしながら、生きていきます。

5　後悔しないために、自分の人生を生きる

死ぬ間際に後悔することとは

人が死ぬ時、最も後悔することは何でしょうか。

日頃の不摂生を悔やむかもしれませんし、人間関係の失敗について自責の念にかられるかもしれません。何を後悔するかは人それぞれだと思います。

『医者が教える 人が死ぬ時に後悔する34のリスト』（川嶋明 著、アスコム）によれば、「人間は死を

意識したときに後悔することがたくさんある」のだそうです。

また、「病気が悪化して死を覚悟したとき、人は自分の後悔に気づき、真剣に生き方や考え方を変えようとする」とも書かれています。

この本のリストの1番目には、【「なぜ生きたいのか」を真剣に考えてこなかった】。6番目には、【やりたいことができなかった】があります。

いずれにしても、自分の人生を、自分が主役となって生きることに対して、真摯に前向きに取り組んでこなかった人の反省の念だといえます。

自分が何のために生きているのか、生きる理由を真剣に考え、そして「会社のためじゃなくて、自分のために働く」「自分のために生きる」ことが、死ぬ間際に後悔しないために大切なのだと思います。

論語のなかでも特に有名な言葉があります。

「子曰く、吾十有五にして学に志す。三十にして立つ。四十にして惑はず。五十にして天命を知る。六十にして耳順（したが）ふ。七十にして心の欲する所に従へども、矩（のり）を踰（こ）えず」

（『論語』より）

訳は「先生は言った。私は15歳にして学問の道を志し、30歳にしてその基礎を立て、40歳で迷いが消えた。50歳にして自分の天命を知り、60歳で人の言葉を素直に聞けるようになった。そして70歳にして、心が赴くままに行動しても道に背くことがなくなった」となります。

60代は自分のために生きる

私の65年の人生を顧みると、この論語の言葉のとおりになっていたような気もします。

10代は、中学生の時に絵のコンクールでほめられて賞を取ったことが発端で、建築家の道を志していました。20代で無心で仕事に明け暮れた日々を経て、30代でその基礎ができました。

40代は迷いや悩みの連続でしたが、40代後半に自分を見つめ直す機会に恵まれ、少しずつ迷いが消えていきました。

50代は最も充実した仕事ができましたし、サラリーマンとして会社に対して大きな貢献もできた時期でした。

60代に入って、確かに人の言葉を素直に聞けるようになってきたかもしれません。社長として大きな仕事も成し遂げたつもりです。

我、サラリーマン人生に悔いはない。そして我、人生に悔いはないように、今後は自分のために生きていきたい。会社のためじゃなくて、自分のために働きたい。

定年後の10年（65歳から75歳）は、林住期の第２ステージとして、本当の意味で悔いのないよう自分のために生きます。たっぷり遊んで楽しみます。

そして70代になったときには、心が赴くままに行動しても、道に背くことがなくなっていたいと思います。

大好きな俳優の水谷豊氏が朝日新聞のインタビューで「自分らしい色が出せ、バランスがとれてくるのが60代、いろいろなことが楽しめるようになるのは70代になってからだと思います」と語っています。

それぞれの年代での経験や挑戦、そして変遷は人生の豊かさそのものです。しかし、過去を悔いたり、未来を心配したりするよりも、「今」この瞬間を生きることが大切です。

私たち1人ひとりに与えられた時間は有限です。その限られた時間を最大限に楽しみ、充実させて生きることが、真の人生の意味を見付ける鍵となります。

過去の栄光や失敗に縛られず、未来の不安におびえず、今、この瞬間に自分らしく生きること。それが、最も後悔しない人生の過ごし方かもしれません。どんな時代、どんな状況でも、自分の心の声を信じて前に進むことで、人生はさらに美しく、意味深くなるでしょう。

人生のワクワクはこれからです。私はワクワク感を大切に生きていきます！

6　自分の人生を生きる

生きることだけは思いどおりになる

第1章で取り上げた『スティーブ・ジョブズ「神の交渉力」』（竹内一正著、経済界）のなかで、ある哲学者の言葉が紹介されています。

「大金持ちでも貧乏人でも、白人でも黒人でも、『三つのこと』しか人生にはない」

『スティーブ・ジョブズ「神の交渉力」』竹内一正著、経済界

３つのこととは、オギャーと生まれること、死ぬこと、そして生まれてから死ぬまでの間に「生きる」こと。生まれることと死ぬことは自分の思い通りにならなくても、「生きる」ことは思いどおりにできます。

素晴らしい言葉だと思います。そのとおりです。楽しく生きること、ワクワクして生きることは、自分自身の気持ち次第で思いどおりになるのです。

定年後の私の羅針盤として、この、自分の思いどおりに「生きること」「楽しく生きること」を一番に掲げたいと思います。

会社勤めをしていると、自分の人生がまるで他人の人生にすりかわってしまったかのように感じることがあります。

社内での地位の安定を求めるほど、自分の人生からどんどん逸れていきます。

その反対に自分の意志を通そうとすると、立場が不安定になってしまいます。私もそんな経験をたくさんしてきました。

組織の中で自分の人生を生きるには、不安定な状況を受け入れる覚悟と鈍感力が必要でした。

私は４割バッターを目標に、自分の人生を生きようと挑戦してきました。結果は４割に到達できていないかもしれませんが、充実したサラリーマン生活を過ごせたと思います。

定年後は、７割８割を目標に、自分の思いどおりに生きることに挑戦しています。

それは人生最後の日にしたいことか

スティーブ・ジョブズの言葉でいえば、２００５年にスタンフォード大学の卒業式で行ったスピーチも有名ですね。特に次の部分が知られています。

「私は17歳のときに『毎日をそれが人生最後の一日だと思って生きれば、その通りになる』という言葉にどこかで出合ったのです。それは印象に残る言葉で、その日を境に33年間、私は毎朝、鏡に映る自分に問いかけるようにしているのです。『もし今日が最後の日だとしても、今からやろうとしていたことをするだろうか』と。『違う』という答えが何日も続くようなら、ちょっと生き方を見直せということです」

日本経済新聞（https://www.nikkei.com/article/DGXZZO35455660Y1A001C1000000/）

私たちは日々、自分がやりたいことばかりをやって生きているのではありません。でも、やりたくないことばかりを続けている人生は、むなしいものです。

死ぬ間際になってもなお「やりたい」と思えるようなことに出会い、全力で取り組むことが、後悔しない人生を送るうえでは重要です。

あなたにとって、本当にやりたいと思うことは何でしょうか。パッと思いつかないなら、一度立ち止まってじっくりと考えてみてはいかがでしょうか。

自分の人生は他の誰でもない自分のもの。最後に日に決して後悔しないように、自分の人生を悔いなく生きようではないですか。

7　健やかに遠くまで行く

第2の人生では7割バッター

城山三郎氏は、『静かに健やかに遠くまで』のなかで、そのタイトルのもととなった名言を紹介しています。

「静かに行く者は健やかに行く。健やかに行く者は遠くまで行く」

『静かに健やかに遠くまで』城山三郎 著、新潮文庫

経済学者のレオン・ワルラスという人が好んだ言葉だそうです。与えられた環境のなかで、よりよく生きるために努力することの大切さが、じんわりと伝わってくるような言葉です。

第２章でも言いましたが、私は「サラリーマン３割バッター理論」を唱えています。いろいろな意味を込めていますが、仕事のなかで3割くらい自己表現ができれば、７割は甘んじて受け入れる度量が必要という意味合いもあります。

新入社員から管理職になるまでは、１割、２割がいいところですが、管理職になると3割バッターを求められ、目指すことになります。

取締役から社長となっても、サラリーマン役員はイチロー選手でも達成できなかった4割バッターを目指すのが精いっぱいですし、それを達成できれば素晴らしいサラリーマン人生といえるのではないでしょうか。

自分で会社を起業してオーナーになることは、逆3割バッターを目指せるし、それが実現できると思っています。

自己表現できず、思いどおりにならないのは3割まで。残りの7割は自分で決めて、表現して実現していかなくてはなりませんし、それが楽しみです。

7割バッターを目指して、日々ワクワクしながら仕事をして、少しでも遠くまで辿り付ければと思います。

人生や仕事において、すべてを完璧にすることは難しいものです。しかし、そのなかで自分の価値観や信念を持ち、柔軟性を持って適応し、成長していくことが大切です。

常に最高のバッターを目指すことは素晴らしいですが、その過程での挑戦や経験、失敗から学ぶことの価値も大いにあると思います。

自分自身を信じ、挑戦を恐れず、一歩一歩前進していくことで、自分の人生の地図を描いていけます。

目標に向かって進む道のりは険しさもあるかもしれませんが、その中で見つける小さな喜びや発見、そして新しい自分との出会いが、人生の醍醐味です。

どんな状況でも、心の中の「ワクワク」を失わず、自分らしい生き方を追求していきましょう。

その先に、本当の意味での充実した人生が待っています。

あとがき

２０２３年9月に42年間のサラリーマン生活に終止符を打ちました。

4つの業界・5つの会社で仕事を経験した私の最後の会社が児童書の出版社だったことが、「我が仕事人生に悔いはない」と言えることにつながったと思っています。

本が好きだった私が、我が子たちと一緒によく読んでいた星新一のショートショートを出版していた理論社の再建に関わり、出版物に発行者として名前が載ることになるとは、夢にも考えなかったことでした。

10代は建築家を目指していましたし、20代はディベロッパーとして街づくりに取り組み、30代は、賃貸ビルの貸し手になったり店舗開発として借り手になったりと本の世界とはかけ離れた世界を夢見、目指していたのですから。

理論社は、小宮山量平氏が、「子どもたちに豊かな種をまこう」との志から日本人作家による創作児童文学を出版してきました。この志が、60代になろうとしていた私の心に響きました。

理論社の本づくりのコンセプトである「子どもがおとなにそだつ本、おとなが子どもにかえる本」にも感銘を受けました。

そして、今年、私が65歳で定年退職する直前の5月に刊行された『こどものつぶやきセレクション　1年1組せんせいあのね』はまさに子どもたちにまいた豊かな種が花開いたかのような、子どもたちのかろやかでふかくのびやかなことばたちにあふれていました。

私が本書を出筆しようと思ったのは、波乱万丈のサラリーマン人生の集大成をまとめたかったという理由もありますが、北海道の田舎のごくごく普通の家庭で育ち、特に取り柄や才能もなく、夢だった建築家にもなれず、自分に自信などなかった私が、高い志の児童書の老舗出版社で社長にまでなった話を伝えたかったからです。

本当に引退の直前の8月に理論社から新刊として出版された本があります。『3年間ホケツだった僕がドイツでサッカー指導者になった話』（中野吉之伴 箸、理論社）です。その「おわりに」で、著者の中野さんはこう締めくくっています。


「君が今いる部活動やクラブ、学校や塾、会社……。

目の前にあるものだけが、すべてじゃないんだ。

世界は自分で広げることもできる。誰にでも。

（中略）

苦労はする。苦心もする。でも、挑戦は必ず力になる。

そして、その先には思いもよらない出会いやチャンスが待っている。

（中略）

世間にはレールがたくさんある。

でものレールに乗るかが大事なんじゃない。

大切なのは、君自身で、幸せに生きられるレールをつくりつづけることだよ。

自分の足で動き、自分の手を動かし、自分の頭で考え、自分の心を揺さぶる。

そういう時間と機会を、自分でつくっていく。

それが「勇気」というものじゃないだろうか。


君がもし、何かが好きで、でもそれを続けることをあきらめそうになっているなら、勇気をもって、今いる場所から飛び出してみよう。

自分を信じて、自分の可能性を育てて」


「あとがき」としてこの言葉を定年後の自分と、多くのごく普通のサラリーマンに送りたいと思います。この言葉を胸に65歳からの第2林住期をジャンプしてスタートしていきます。

最後にこの本をつくりにあたり「ガチで商業出版を応援するプロフェッショナルの会」の片寄量太さんと平行男さんに大変お世話になりました。心から感謝いたします。

株式会社Ｕｃｏｎｆｏｒｔ　代表取締役　内田克幸

参考文献

『林住期』五木寛之 著、幻冬舎
『最強の組織をつくる　野村メソッド』野村克也 著、彩図社
『明日を支配するもの―21世紀のマネジメント革命』Ｐ・Ｆ・ドラッカー 著、ダイヤモンド社
『スティーブ・ジョブズ「神の交渉力」』竹内一正 著、経済界
『幸福のための努力論 エッセンシャル版』幸田露伴 著、ディスカヴァー・トゥエンティワン
『運をつかむ』永守重信 著、幻冬舎
『活きる力』稲盛和夫 著、プレジデント社
『侏儒の言葉』芥川龍之介 著、青空文庫
『ひと味ちがう「日本百名言」』今泉正顕 著、ごま書房
『静かに健やかに遠くまで』城山三郎 著、新潮文庫
『和のこころで日本人らしく生きる本』夢プロジェクト 著、河出書房新社
『セゾン　堤清二が見た未来』鈴木哲也 著、日経ＢＰ
『プレジデント　２０２２年９月２日号』プレジデント社
『ドラッカー３６５の金言』Ｐ・Ｆ・ドラッカー 著、上田惇生 訳、ダイヤモンド社
『和のこころで日本人らしく生きる本』夢プロジェクト 著、河出書房新社

『城山三郎全集〈1〉男子の本懐』城山三郎 著、新潮社
『鈍感力』渡辺淳一 箸、ゴマブックス
『サラリーマンの一生』城山三郎 著、角川文庫
『ただ生きていく、それだけで素晴らしい』五木寛之著、PHP研究所
『伝えることから始めよう』高田明 著、東洋経済新報社
『プロフェッショナルの条件』P・F・ドラッカー 著、上田惇生 訳、ダイヤモンド社
『一年一組せんせいあのね こどものつぶやきセレクション』鹿島和夫 選、ヨシタケシンスケ 絵、理論社
『嫌われる勇気』岸見一郎・古賀史健 著、ダイヤモンド社
『医者が教える 人が死ぬ時に後悔する34のリスト』川嶋明 著、アスコム
『3年間ホケツだった僕がドイツでサッカー指導者になった話』中野吉之伴 箸、理論社

著者略歴

内田 克幸（うちだ かつゆき）
株式会社 Uconfort（ユーコンフォルト）代表取締役

1958年北海道室蘭市生まれ。苫小牧東高校卒 芝浦工業大学卒業。

「不動産、PC小売、BS放送、出版」と異なる4業種でビジネスパーソンとしてのキャリアを積む。

株式会社西洋環境開発（不動産・ディベロッパー）では国内大型ショッピングモール開発プロジェクト、シンガポールBUGISでの複合開発プロジェクトやロシア（モスクワ）におけるオフィスプロジェクトなどに参加する。

株式会社ソフマップ（PC販売）では店舗開発の責任者として日本全国において同社のGIGASTORE出店展開に尽力。2003年に取締役に就任。商品本部長として家電メーカーとの交渉や、経営企画部長として経営戦略の立案やビックカメラとの提携推進などを行う。

日本BS放送株式会社（BSイレブン）では取締役としてIPOやアニメ事業の責任者として活躍。大幅な赤字体質を黒字化への転換に貢献した。

株式会社理論社では代表取締役社長として出版社経営全般に携わる。児童書を中心とした出版社である同社において就任後すぐ10年ぶりに全国読書感想文コンクール（小学校中学年の部）課題図書として採択されるなどに尽力。

65歳になる2023年9月にサラリーマン生活を勇退して、10月から札幌を拠点として起業・独立。

オフィシャルWEBサイト　http://uconfort.co.jp

運は縁から生まれる　50歳からの縁を引き寄せる50の言葉

2023年11月30日 初版発行

著　者　内田　克幂　

発行人　森　　忠順

発行所　株式会社 セルバ出版
〒113-0034
東京都文京区湯島1丁目12番6号 高関ビル5B
☎03（5812）1178　FAX 03（5812）1188
https://seluba.co.jp/

発　売　株式会社 三省堂書店／創英社
〒101-0051
東京都千代田区神田神保町1丁目1番地
☎03（3291）2295　FAX 03（3292）7687

印刷・製本　株式会社 丸井工文社

Printed in JAPAN
ISBN978-4-86367-863-7